The Living God

人人丛书

永在
至圣者

THE LIVING GOD

阿利斯特·麦格拉思（Alister E. McGrath）／著

张君／译

上海三联书店

✦ 目录

这套"人人丛书"(Christian Belief for Everyone)的第一册《信仰与信经》(*Faith and the Creeds*),阐述了为何我们需要教义,以及教义如何丰富我们对基督教信仰与生活的认识。在第二册中,我们将思想基督徒提到上帝(God)的时候所指的是什么。

"上帝"一词很简短,分量却很重。信经并未期望也未打算告诉我们信靠上帝的感觉是怎样的,也未指望说明信靠上帝将使生活出现什么样的改变。信经甚至完全没有描述上帝的荣耀,尽管这是基督教信仰崇拜的关键。但是信经的确为我们提供了一个框架,使我们把对上帝本质的理解融会起来。

我在学校学会读书写字不久,老师就让我们玩一个新游戏。这个游戏其实是在讲故事。老师先拿粉笔在黑板上写了几句话，这几句话描述了两个人物，好像叫"珍妮"和"约翰"，然后老师又介绍了他们各自的家庭背景和性格。在确保我们记住这些基本信息后，老师又写了差不多这样一句话："一天，珍妮和约翰去冒险！""现在，"老师说，"给你们半个小时，写写后来发生了什么。"老师给故事开了头，鼓励我们把故事完成。我想不起来自己究竟写了什么，不过我清楚记得那天回家以后，我问父母"过于活跃的想象"这句评语是什么意思。

与此相似，信经为我们提供了关于上帝的基本陈述，邀请我们自己在其上增添色彩和细节。从阅读、听道和谈话中，我们逐渐增长了见识。事实上，我们获益于基督教历史与经验这一宝藏。

"我信上帝，全能的父，创造天地的主。"这句简短的话，就是我们探索之旅的起点。我们知道我们信心的基础、灵魂的锚就是上帝。不过"上帝"一词需要进一步讨论。我们所指的是哪一位上帝呢？

信经回应道，上帝是"父"。位于基督教信仰核心的上帝，正是拿撒勒人耶稣认识、信靠的那位上帝。信靠耶稣就是信靠"我们主耶稣基督的父上帝"（弗1：3）。

将上帝理解为"父"，这就促使我们思考新旧约中用来帮助我们描绘上帝的那些丰富形象，比如"牧人""磐石""母亲"和"朋友"。这些形象帮助我们把对上帝难于表达之事用语言说了出来。

然后信经上说，上帝是"全能"（almighty）的。这句话的希腊原文的意思是，"统治万有的那一位"，或甚至是"托住万有的那一位"。这句话自然会让我们思考上帝作为宇宙创造主的角色。

然而，有一个关于上帝的概念是《使徒信经》（Apostles' Creed）和《尼西亚信经》（Nicene Creed）都没有清楚说明的。那就是有关"三位一体"（Trinity）的概念。这个概念让许多基督徒感到费解，简直比某种天文数学更令人困惑。为什么要把简单的信仰人为复杂化呢？在第五章"三位一体：奥秘还是混乱？"中我将解释，为什么基督徒最终发现他们必须如此描述上帝，也将说明为什么这样做其实很有道理。

和这套丛书的第一册一样，本书是在我过往几年证道讲稿的基础上写成的。我非常乐意将本书献给在西牛津郡（west Oxfordshire）的希尔谷（Shill Valley）和布劳德什尔（Broadshire）教区的信徒，该教区教会的所在地包括：阿尔维斯考特（Alvescot）的科茨沃尔德村（Cotswold villages）、黑伯尔顿（Black Bourton）、布劳德韦尔（Broadwell）、布劳顿帕格斯（Broughton Poggs）、费尔金斯（Filkins）、霍尔维尔（Holwell）、凯姆斯科特（Kelmscott）、兰福德（Langford）、小法林登（Little Faringdon）、希尔顿（Shilton）和韦斯特韦尔（Westwell）。

阿利斯特·麦格拉思

第1章
我们谈论的是哪一位上帝？

那是我们学校一个颁奖的日子。这种场合往往会请一位杰出人士来为此添彩，否则就索然无味了。颁奖前这位来宾受邀做简短致辞。学校将这位来宾介绍得光环闪耀，似乎他是爱尔兰有史以来最杰出的思想家和作家之一。这位巨匠从奥林匹斯山降下莅临到我们中间，向我们致辞！这是何等的殊荣啊！我很少经历那样的期待——我和我的朋友都激动得快从座位上跳起来了。

然后他开始发言了。

大约十秒钟后我们意识到，学校恐怕请来了爱尔兰最乏味的人。那段发言估计只持续了十分钟，但是感觉却有永恒那么长。我的朋友们开始互相传纸条，另外有些人双手捧着脑袋，或者研究自己的手表，巴望这样做兴许能让时间过得快点。令我宽慰的是，我已经想不起来那位来宾的名字了——就像他的发言本身一样，忘得越干净越好。真正的问题在于，我们心中的期盼和现实的经历存在巨大的落差。那段发言很差，讲稿大概是在某个信封背面草率写成的；而由于我们期待演说会十分精彩，情况就显得更糟了。

可能我们学习信经时也怀着类似不现实的期待。我们是否期望看到它对基督教信仰丰富的内容作出激动人心的宣告？如果是这样，我们可能就会相当失望——完全没有令人激动的宣扬，当然更没有号角齐响。开篇即是简短的一句，"我信上帝"。这句宣告听上去令人激动的程度就跟听到"今天大概是星期六"一样。

所以，理解信经的意图就非常重要了。信经不是为了说服局外人相信基督教真理，也不是为了详尽描述基督徒所信的内容。信经更不是对上帝至高荣美的描述，也并未期望借此吸引好奇旁观者的注意。先贤写下信经，目的是帮助我们列出信仰的基本主题，让我们品味这些主题的全部内容，同时确保没有遗漏。就如我们在这套丛书第一册中所看到的，信经只是基督教信仰美丽风景的速写。

那么，信经提到上帝时所指的是什么呢？我们可以忘掉纸上谈兵的哲学家深爱的"抽象哲学观念"，也无需想着荷马塑造的满怀怨恨的希腊奥林匹斯诸神，他们只会在遭到自命不凡的人怠慢或被其他神灵算计后再去找人家算账。我们是要借着并通过拿撒勒人耶稣才能认识那位信经所见证的上帝，同时信经鼓励我们在此反复思想，体会我们对上帝的全部认识。信经勉励我们更深入地探索尚未完全揭示出来的奥秘。

在开始关于上帝的所有明智思考之前，我们必须意识到，人类的思想如此渺小，根本无法囊括关于上帝的概念。这就像要把阿尔卑斯山装进旅行箱，或是把尼亚加拉大瀑布装进咖啡杯一样。"上帝"这个短小的词，怎么能够体现出其所指的庄严的真实存在呢？就如我们无法抓住蜡烛刚熄灭时冒出的烟或将阳光装进玻璃罐子，我们也无法将上帝缩减为语言所能表达的内容。

说得正式一点就是，我们无法**测度**上帝——人类理性无法完全理解上帝。理性可能尝试对上帝的概念进行证明和定义，但最终只会发现我们所下的定义、所要证明的与"上帝，我们主耶稣基督的父"关系不大。探索人类对上帝的理解固然非常有意思，然而最终我们还是要向上帝致以最高的崇敬。**你告诉我们你是谁！你**告诉我们你**是怎样的上帝！你来靠近我们**……

有些人在夜间听到上帝呼喊他们的名字，比如撒母耳（撒上 3）。他们在世界的黑暗中感知到一个声音，急于了解说话的是谁，这呼喊又会把他们带到哪里。有些人读圣经的时候，感到有谁从字里行间直接与他们对话。对某些人来说，上帝就隐藏在日落的壮美之中，在远方群山令人惊叹的宏伟景观之中；对于另外一些人，上帝是活生生的现实，在他们祷告或敬拜时与人相交。当然，对于有些人，上帝就在以上所有方式之中——而且不止于这些。

我们来仔细看看某个人与上帝相遇的故事。德国作家于尔根·莫尔特曼（Jürgen Moltmann，1926 – ）被很多人看作 20 世纪最杰出的神学家之一。在基督教对苦难的解读方面，他提出了真知灼见。他曾经告诉过我，他是怎样信主的。[1]他在汉堡的"开明"家人对属灵之事毫无兴趣。莫尔特曼 1944 年去服兵役，二战最后一年被英军俘获。在被囚于苏格兰期间，一位好心的牧师给了他一本圣经，他就开始读。莫尔特曼读到《诗篇》39篇时感到，似乎有一位远离上帝但渴求回到上帝身边的人在对他说话，他同时听到自己灵魂深处对这篇诗篇主题的回应——"呼唤灵魂回到上帝那里"。[2]

莫尔特曼也为《马可福音》中受难的故事深深打动。这个故事显明，耶稣是"路上的伴侣，与你一同走过'死荫的幽谷'，'与你一同受苦，在苦难中扶持你'"。[3]他"真实但缓慢地被复活的强烈盼望抓住"，生命也随之发生了改变。

莫尔特曼的经历使我们想起上帝通过圣经与人交通的大能。如撒母耳一样，莫尔特曼听到上帝呼唤他的声音，并作出了回应。不仅如此，他余下的职业生涯都用于加深自己对上帝的认识和理解——就是那位他在监狱中发现的上帝。这就引出下面一个重要的问题：我们怎样了解上帝呢？

我们怎样了解上帝？

信经中所说的上帝并非某种抽象实体，而是活生生的现实存在。他吸引我们，呼唤，爱着我们，并邀请我们认识、信靠他。如 C. S. 路易斯

（C. S. Lewis）所说，上帝绝不仅仅是宇宙外某种非位格的"力量"。当然上帝或许不仅仅具有位格，但绝对不缺少位格。我们永活、慈爱的上帝就站在圣经叙事与基督教信仰的核心——亚伯拉罕、以撒、雅各的上帝，也是耶稣基督的上帝。

2007年，我在华盛顿与最狂热的无神论支持者之一——克里斯托弗·希钦斯（Christopher Hitchens）展开一场辩论。辩论之前我们抽空聊了几句。我告诉他，他对上帝的拒绝其实与我对上帝的接受属于同一逻辑范畴——介于确定与怀疑之间。希钦斯对此毫不接受。他**确信**自己坚持的无神论是对的，也无需向如我一样讨厌的人做什么证明。不管怎么说，任何理智清醒的人都不愿追随如北朝鲜领袖一样的神灵吧？我是不会的，我也这样告诉他了。我还跟他解释说，我所相信的上帝，完全不像他所不信的上帝。我同时表达了自己的惊讶：他居然选择北朝鲜——全世界所剩无几的政治无神论国家——的统治者来作上帝的类比！把这样一个令人不悦的无神论者作为例子，其观点恐怕已是不攻自破了吧？

那次讨论很有意思，我甚至不禁猜想，或许希钦斯其实更希望上帝存在。他似乎将上帝作为世上一切问题的替罪羊。但如果无神论的核心信仰是正确的,那么矛头对准的中心将无情地转移到人类身上。如果没有上帝,那么把一切搞砸的责任就完完全全落在我们身上了!然而,那次谈话给我印象最深的是,对上帝要有正确的理解,这才是一切的基础。有太多时候,"我不信上帝"真正的意思是"我不信**那样的上帝**"。很多人接受或自己想出关于上帝的某种观念,然后因为自己不喜欢就拒绝了这种观念。但是,如果是我们自己理解错了呢?如果我们拒绝的是对上帝失真的描绘呢?我们怎么能知道上帝**真正的**样子呢?

碰到上面最后一个问题时,基督徒往往意识到,他们需要上帝的帮助!如 C. S. 路易斯所说,我们"靠着自己的力量"所能知道的非常有限。我们最深的直觉或许会为我们指出正确的方向,但无法帮助我们走得更远,而且容易得出对上帝不充分或扭曲的印象。我们或许能相信上帝是人类理性的真正目标,但却非常容易陷入路易斯所谓的"肤浅的理性"之中,从而限制了我们对上帝的认识。我们或许能相信上帝是人类心灵终极的渴望,但却发现我们的心更愿意追求次要的目标,而这些次要目标就成了我们的偶像。起初我们迷失了方向，然后误入歧途，最后完全不知自己身在何处。令人高兴的是，上帝知道我们常把自己搞得一败涂地，他就通过"启示"（revelation）的方式帮助我们。上帝是谁？上帝是什么样子的？其实，这一切上帝已经**告诉**我们，向我们**显明**了。

词典上模糊解释为"至高存在"的概念，基督教却将之描述为进入历史、与人相遇的上帝——比如亚伯拉罕，上帝与他相遇并使他的生命里外更新。亚伯拉罕、以撒、雅各和摩西都向我们**讲述**了上帝的样子，而位于基督教信仰核心的拿撒勒人耶稣，则用言语和行动为我们展示了上帝的意愿与属性。耶稣向我们**展现**了上帝的样子。基督教显示出与上帝相遇的人、上帝荣耀得到彰显的事件，还有显明上帝属性的形象。我们来就每一点进行更深入的研究。

信心先贤： 亚伯拉罕、以撒和雅各

大家都喜欢研究家族史。有时候，我们这么做只是因为喜欢了解过去发生的事情。我曾经惊奇地发现，我有个亲戚曾是丘纳德公司（Cunard）在 1915 年遭德国潜艇鱼雷攻击的"卢西塔尼亚号"（Lusitania）客轮幸存的几位乘客之一。还有位亲戚是 1854 年著名"轻骑兵冲锋"（Charge of the Light Brigade）中的一位英国军官——当然他活下来了，然后才向别人讲述了这个故事。

除了历史方面的兴趣，研究家族根源其实可以丰富我们自己的故事，将我们自己的故事置于更深刻的背景中。当我们展开内部交织、与历史多处相连的故事网，我们就会发现——很遗憾我个人的情况不是这样的——我们与某位非常重要的人物有关。了解家族历史，会使我们在更深层次上理解自己的身份和价值。

基督徒相信"亚伯拉罕的上帝、以撒的上帝、雅各的上帝"（出 3：16）。信心早在文明之初就存在。我们与无数爱上帝、将智慧传给我们的人相连。当我们阅读圣经伟人的故事——我们因着信心与他们相连——我们就是在了解自己的家族史。基督徒群体所讲述的故事，既有坚实的历史基础，又为我们解读所见、所经历的一切提供了"全景"（big picture）。

随着历史的帷幕拉开，我们看到第一个信心伟人的故事——上帝呼召亚伯拉罕。这个故事与诸多世纪后耶稣在加利利海边呼召最初的门徒颇有相似之处。当他们在沙漠中相遇：

耶和华对亚伯兰说:"你要离开本地、本族、父家,往我所要指示你的地去。我必叫你成为大国。我必赐福给你,叫你的名为大,你也要叫别人得福。"(创 12:1-2)

这段经文有两点特别引人注意。第一,其中结合了应许与任务:上帝让亚伯拉罕做事情,同时上帝应许会祝福他,会在此过程中帮助他。这种双重模式在圣经叙事中随处可见。比如,在"大使命"中拿撒勒人耶稣吩咐门徒去"使万民作我的门徒",同时应许与他们同在,直到世界的末了(太 28:17-20)。

第二点引人注意的地方是用来指明上帝的名称——"耶和华"(the LORD)。这一称呼得到广泛接受,特指与以色列民族立约的上帝,在旧约中出现近七千次。这四个希伯来文字母 YHWH(译作"主"[LORD])有时写作"Yahweh"(或在旧版的英译本中被翻译为"Jehovah"[耶和华])。*这个词并不是对神明的统称,而是特指

---

* YHWH 为上帝的四字圣名,以色列人因怕妄称上帝的名,故念诵经文时避讳只念 Adonai(主),原音接近 Yahweh,中文有时翻译为"雅威"。英文版圣经一般以 the LORD 翻译希伯来语的 YHWH,而以 the Lord 翻译新约希腊语的 Kyrios(主)。和合本圣经则分别用了"耶和华"和"主"。——编者注

呼召亚伯拉罕开始建立一个民族并扩展到地极的上帝。

　　"神明"（god）这个词在古代近东地区并未表达什么特别信息——古代埃及、巴比伦和安纳托利亚（Anatolia）的宗教世界充斥着各种神明。你指的是哪一位呢？你说的是哪位神明呢？以色列民族越来越多地用上帝的作为来描述他们自己信靠的、独特的那位：就是呼召亚伯拉罕、以撒、雅各的那位上帝；就是带领以色列人摆脱埃及奴役进入应许之地的那位上帝。复述这些作为，就会让大家明白你所谈论的是谁。比如，《诗篇》中就不断重复上帝在历史中的作为：

　　他［上帝］在埃及地、在琐安田、
　　在他们祖宗的眼前施行奇事。
　　他将海分裂，使他们过去，
　　又叫水立起如垒。
　　他白日用云彩，
　　终夜用火光引导他们。
　　他在旷野分裂磐石，
　　多多地给他们水喝，
　　如从深渊而出。

（诗 78：12 – 15）

提问：上帝是谁呢？回答：就是带我们出埃及进入应许之地的那位。

而对基督徒来说，这一问题最重要的答案指向拿撒勒人耶稣。提问：上帝是谁？回答："我们主耶稣基督的父上帝"（彼前 1：3；林后 1：3）。拿撒勒人耶稣不仅仅是谈论上帝，他向我们显明上帝。我们来细致研究一下。

拿撒勒人耶稣的上帝

不要**告诉**他们——给他们展示出来！这是我三十多年前努力提升讲道时别人给我的建议。我最初的努力见效不大。我记得 1980 年有次讲道后，有两个人来找我，对我说："我们认为你在尝试告诉我们一件非常重要的事情，但我们还不是很确定你要讲的是什么。"后来我意识到，我的问题之一在于我讲的观念太多，但没有给出合适的类比或故事来帮助会众明白这些内容的含义。

那么，上帝是怎样的呢？旧约中几处最美好的经文告诉我们上帝满有恩典、威荣和慈爱。上帝就如陪伴他子民一同行走的牧羊人，一路引领保护他们。上帝如干旱之地的雨水，为我们的灵魂带来力量和新生命。我们后面会更细致地研究这些画面。

然而，新约以拿撒勒人耶稣的生平、受死与复活为基础，为我们理解上帝开辟了新思路。耶稣既**告诉**我们上帝是怎样的，同时又把上帝**展示**给我们看。耶稣是"那不能看见之上帝的像"（西1：15）。耶稣使上帝被人看见、让人触摸到。"道成了肉身，住在我们中间……我们也见过他的荣光。"（约1：14）耶稣通过话语教导我们上帝是怎样的，作为上帝的子民我们的行为又应当如何。同时，通过耶稣本人和他的作为，他向我们**显明**上帝。

神学家用"道成肉身"（incarnation）一词表达的观念就是，拿撒勒人耶稣使得上帝具体化。上帝与我们同在，不单指上帝帮助我们——尽管这个想法本身非常美好——还说明上帝陪伴着我们，分享我们的故事，与我们一同前行。上帝对我们的委身体现在行动上而非停留在言语上。上帝不是从远处对我们说话，而是来到我们身边与我们相遇。我们在这套丛书的第三册《拿撒勒人耶稣》（*Lord and Saviour：Jesus of Nazareth*）中，将仔细研究为什么这一观念在理解新约对拿撒勒人耶稣的见证时有重要意义，不过现在我们只是简要思考这个观点如何影响我们对上帝的理解。

我曾经受邀去德州一所大学做演讲。从伦敦到德州很远，而我的日程安排又非常满。我不得不遗憾地拒绝了，但我也提出，如果他们需要的话，我可以设法录一段讲座视频，把视频发给他们。会议组织者接受了我的建议，在会上干巴巴地播了那段视频。后来我收到了与会者给我发的几条信息。他们很喜欢讲座内容，但不喜欢那种方式。其中一个人说："如果能见到你就太好了。"另一个人留言说我并没有真正"出席"会议，而仅仅是"虚拟的真实"，没在德州出现，"是投影而非本人"。

我完全明白他们想说的是什么。我们更愿意见到真实的人，而不仅仅是读他们写的书或听他们事先录好的讲话。如果我当初能去参会，我一定会乐意付上那份时间和精力到德州去，以表达我对听众的诚意。我思考道成肉身的时候常常想到这段经历。奇妙的是，上帝向我们显明自己，而不是从安全的距离向我们发送信息。上帝对我们的委身首先体现在他创造了我们,其次就是他降临到我们中间。

哲学家或许喜欢玩逻辑游戏,将上帝形容为永存不灭、不可看见、无法测度的神圣实在——如哲学教科书所讲的那样。但道成肉身的教义让我们想象一位可以触摸到的上帝——"道成了肉身"。当我们置身于拿撒勒人耶稣故事中所包含、展现的扣人心弦的神圣意象时,关于上帝的抽象概念就飞到九霄云外了。这个人抵挡权力和荣华的试探,怜悯失丧和被抛弃的人,医治患病的人,厌恶宗教上的繁文缛节,在苦难中彰显出从容与尊严,饶恕对他行刑的人,最终为了他的百姓舍命。道成肉身讲述了一位以可触摸、可理解的形式揭示出来的上帝——他进入并居于我们堕落、痛苦的历史中,他也改变了历史。我们都如羊走迷,我们能够找到回家的路,完全是因为上帝离开家,把我们带了回去。

有些基督徒一门心思想着保持自身纯洁,努力避免受到周遭黑暗的世界玷污。然而道成肉身的观念就是上帝选择进入这个世界,承担被世界压垮的危险。用 C. S. 路易斯的话说,道成肉身就是带来"良性感染",医治这个世界疾病的方法。为了提供医治与更新,医生不得不进入这个患病、混乱的世界。

这又把我们带入基督教对上帝理解的另一个核心方面——历史上发生的事件向我们讲述了上帝的身份与本质。

在历史事件中认识上帝

大学真是个好地方,在这里大家可以辩论,之后依然是朋友。我和一位同事曾交流各自对上帝的看法。他说他喜欢 17 世纪科学家和哲学家牛顿(Issac Newton)笔下的上帝。我并不完全同意。我们一边等候一位访问讲师到来——他的火车晚点了——一边探讨这个问题,愉快地度过了半个小时。我朋友认为,上帝创造了世界,然后让世界自行运转——就像钟表匠制作出一块表,上满弦,然后让表针自己移动。这个想法我们会在第四章进一步研究。我反对说:"但是你的上帝没有任何作为!"他回答道:"我就喜欢他这样!"

我理解他的立场。C. S. 路易斯曾公开抵制信仰上帝,原因与此类似。对路易斯来说,上帝像是一种负担,使他无法随心所欲,让自由大打折扣。"我一直想要的,看得比一切都重要的,就是不被'干预'。"[4] 最终,路易斯发现,坚持抵制上帝不过是在逃避现实。"终于,我屈服了,承认上帝就是上帝,然后跪下祷告。那一晚,我也许是整个英国最沮丧、最不情愿的归信者。"[5] 路易斯意识到他一直把上帝仅仅当做某种观念,而他最终发现,上帝是真实的、活生生的存在,上帝正不断靠近他。

　　基督教所认识的上帝是一位在世界中行动的上帝,尽管他行动的方式我们并不完全理解。有时上帝似乎隐藏起来或被遮挡了,所以我们不能立刻认出他来——"我们如今仿佛对着镜子观看,模糊不清"(林前 13:12);有时上帝的同在又显得非常真实,触手可及,令人无法忽视。

　　以色列人时常回顾民族历史中具有划时代意义的时刻,也就是他们相信上帝的能力与同在无法被忽视的时刻——他们从埃及为奴之地出来,经过旷野四十年漂流,最终在应许之地得到自由。这个关于解放的戏剧性故事,对于所有的人类戏剧而言,它都显示出上帝的怜悯与信实。几代人过去了,以色列人会想起这个事件,并明白其中更深的涵义。

只因耶和华爱你们，又因要守他向你们列祖所起的誓，就用大能的手领你们出来，从为奴之家救赎你们脱离埃及王法老的手。所以你要知道耶和华你的上帝，他是上帝，是信实的上帝，向爱他、守他诫命的人守约，施慈爱直到千代。（申7：8-9）

事件需要解读。我们或许不能立刻理解其全部内容，或者看不清隐藏在表象之下的本质。可能有必要对其进行深入挖掘。1939年9月，英国向德国宣战。在最初的"伪战争"（phoney war）中，双方几乎没放过一枪，后来德军向西侵入法国境内，将拦阻他们的一切障碍扫净。德国似乎所向披靡。直至1940年5月，英国远征军被围困在敦刻尔克（Dunkirk）海滩，那是法国一座港口城市，与英国东南部肯特郡（Kent）则隔着英吉利海峡。军队只能从海上撤退，否则一定会全军覆没。拥有船只的人——不论拥有何种船只——都被动员赶去敦刻尔克，尽可能多带些士兵回英格兰。

现在来想象一下，1940年5月下旬某天，有两个人站在多佛白崖（white cliffs of Dover）上。他们都看到众多小型船只出入本地港口。第一个人可能会想："那又怎么样呢？这里就是海岸，一直有船只进进出出。想必没什么大事儿吧？"

但是，第二个人知道这些小船正忙着从敦刻尔克带回英国远征军，他意识到被第一个人忽略的更深、更重要的真相。第一个人只是掠过事实的表面；第二个人觉察到更深层的真相。结果，敦刻尔克的成功撤退——被温斯顿·丘吉尔（Winston Churchill）首相誉为"奇迹"——成为后来抵抗阿道夫·希特勒（Adolf Hitler）的关键，最终决定了二战的胜负。

我们再回来看出埃及的故事，这是旧约圣经最伟大的事件之一。或许埃及人把以色列人的离开视作一种坏运气，是政治或军事判断失误的结果。但以色列人对这一事件的真正意义深信不疑：他们是由上帝带出埃及的；这位上帝与他们同行，并应许与他们和他们的子孙同在。以色列人在出埃及很久以前就认识这位上帝，这个重大事件被视为上帝与他的子民长久委身关系的巅峰——上帝彰显出他的信实和能力，并保证在将来与他们同在。因而他们对出埃及就有更深的理解，知道这不仅仅是人口迁移或某种历史巧合。那是上帝的作为，将以色列人从埃及的捆绑中释放出来，将他们带入应许之地。

对基督徒来说，能反映出上帝作为的重大事件，就是拿撒勒人耶稣的受死与复活。复活就如一次新的"出埃及"之旅——上帝救赎的全新作为，将希望与自由带给人类。这一次，敌人不是奴役我们的某个国家，而是奴役我们的恐惧。通过复活，上帝选择"要释放那些一生因怕死而为奴仆的人"（来 2：15）。我们在第三册书《拿撒勒人耶稣》中将更多思考拿撒勒人耶稣复活的意义，在最后一册《基督徒的生活与盼望》（*The Christian Life and Hope*）中更多思想基督徒的盼望。

透过意象认识上帝

"一幅画作胜千言。"用画面展现一处美丽的景色、一部复杂的机器或一只宠物猫，都是对人类言语局限性的巨大补充。所以，圣经运用丰富的比喻也就不足为奇了。在圣经的很多例子中，都有两件事物在某一方面类似；通过比较，复杂的概念变得易懂。我们发现，对上帝的描绘就有多种不同的形式——例如，把上帝比作狮子和牧羊人。多萝西·L. 塞耶斯（Dorothy L. Sayers，1893-1957）意识到意象在我们思想上帝时发挥的重要作用，她认为我们根本离不开意象。

没有什么法规能够禁止人们将语词想象为画面：上帝在园中行走，他伸出手臂，他的声音震动香柏树，他的慧眼察看世人。禁止思想关于上帝的画面就是完全禁止思想上帝，因为人类受造如此，离开画面，我们就无法思想。[6]

在科学方面也是如此。如我在《信仰与信经》一书中提到，杰出的物理学家欧内斯特·卢瑟福（Ernest Rutherford）对我帮助很大。那是 20 世纪初的事情——我们把原子想象为微型太阳系，电子如行星围绕中心的原子核运行。当然原子与太阳系相去甚远，但从视觉上想象、理解其特性是有帮助的。科学家使用大量类比（analogies，或者是"模型"［models］）来帮助我们理解复杂得多的事物，但我们应意识到，复杂事物本身与"类比"或"模型"并不完全相同。

我们来看圣经中的几个意象，以便更牢地把握住这一点。多处经文都将上帝描述为我们的"光"（比如诗 27：1），这一主题也常与圣诞庆祝联系在一起。拿撒勒人耶稣也令我们想起这个意象："那光是真光，照亮一切生在世上的人。"（约 1：9）为什么这个意象如此重要呢？

首先，这个意象向我们展示了我们自身的处境。我们要么迷失了，要么至少是在艰难地找路。但是有人为我们照亮了前方的路，我们就可以回家了："你的话是我脚前的灯，是我路上的光。"（诗 119：105）这个意象同样说明，我们不倚靠外界帮助是无法看到"全景"的——这个主题我们在《信仰与信经》中探讨过。要理解全景，就需要上帝帮助我们看到事情的本质，进到基督教对启示理解的核心。记得许多年前在墨尔本，我向一位科研人员解释基督教独特的世界观。"似乎有人把灯打开了，"他后来告诉我说，"突然，我以新的方式看待一切。而这一切也第一次拥有了意义。"另外一个可能对你有帮助的观点是，我们受造有着归回上帝的本能，上帝吸引我们就如光亮吸引飞蛾。

我想要探讨的第二个意象，是将上帝比作"磐石"。这个比喻刚开始可能不被看好——磐石是毫无生气的。然而，所有的比喻都需要读者用最佳方式理解应用——上下文可能对此特别有帮助："惟独他是我的磐石，我的拯救，他是我的高台，我必不动摇。我的拯救，我的荣耀，都在乎上帝；我力量的磐石，我的避难所，都在乎上帝。"（诗 62：6 - 7）

我们要做出的解释是，**磐石是稳固、安全的地方，上帝也正如此**。上帝就是安稳之地，我们站在上面得以更清楚地看到一切。当然上帝比这丰富得多，不过以这个比喻作起点是很不错的，这个比喻也与圣经中的见证和人类的经验产生强烈共鸣。

我有一个朋友早年在贝尔法斯特（Belfast）全心创办自己的企业。我认识他的时候，企业差不多已成为他活着的唯一理由。他认为自己是一个全力以赴、尽心竭力的商人；别人都认为他着了魔似的工作，忽视了家人和朋友。他的身份和自我价值感完全建立在工作之上。

然后灾难袭来。在 20 世纪 70 年代贝尔法斯特的一场暴乱中，一群暴徒烧了他的企业，将一切夷为平地。我们那位朋友申请到了赔偿金，但是赔偿金不足以使他东山再起，企业就此倒闭了。那时，他倾注的一切只剩下记忆，他觉得活着不再有意义。在备感绝望之时他曾考虑过自杀。

最后他还是恢复了理智。曾被排挤到他生命边缘的上帝，终于成了他生命的基础——一切都如流沙，唯有上帝是磐石，是重建生活的基础。生活的暴风雨或许会给他强烈的打击，但他不会再动摇或被击倒，因为他找到了自己归属的平安之地。

将上帝比作磐石，这个比喻帮助我们认识到生命中最关键的是什么，此外也有很多意象帮助我们从更深刻、更丰富的角度看上帝。我们最熟悉、最喜欢的意象之一就是牧者（诗 23）。

牧者照料他的羊，指引它们到青草茂盛、水源丰沛之地，保护它们免遭攻击。他陪伴羊群走过凶险的旅程。于是我们可以相信，即便穿越死荫的幽谷，上帝也握住我们的手，陪在我们身边。这个充满力量的图景使很多人面对挑战或困境时深受鼓舞。它让我们明确知道，我们不是孤身面对这个令人困惑的世界。上帝一直在旅途中陪伴着我们，我们可以相信他正领我们回家。

继续前行

在本章中，我们探讨了两个略有不同但内容相似的主题。首先，我们**从关系上**（relationally）认识上帝。基督徒认识上帝、爱上帝，上帝也认识并爱着他们，这位上帝就是亚伯拉罕所认识、摩西所爱的那一位。《希伯来书》作者满怀喜悦地列举出那一时代的信心先贤，这个长长的名单提醒我们，当我们沮丧灰心时，我们可以想到这"许多的见证人"（来12：1），他们在我们之先已经走完信心的旅程，进入上帝的应许，那应许也等待我们去得着。其实，我们不单单在先贤的信心上有份，因拿撒勒人耶稣到来，我们对上帝还拥有了更详尽、更丰富的认识。

第二，我们**从职能上**（functionally）认识上帝——借着思考上帝在我们的思想、生活方式上带来的改变。对基督徒来说，信经开篇的"我信上帝"是满怀喜乐的宣告，宣告生命是有意义的；我们可以找到安稳与保障；那至关重要的一位认识我们、爱着我们。因此我们应该全然喜乐！

同时还有第三种认识上帝的方式。我们可以思想那些认识上帝、爱上帝的先贤。我们也注意到，思想上帝会使我们对上帝在自己生命中的作为产生更强烈的感恩。除了关系和职能这两方面，我们将从另一个角度认识上帝——从**位格的**（personal）角度认识到，上帝不但是可以**了解**的，而且是可以**认识**的。我们将在下一章中细致地思考这个主题。

第2章
有位格的上帝：爱与信实

每个教育家都知道，易于记忆的意象是最棒的教具。许多年前，我研究如何向学生讲授基督教神学的基础内容时，偶然读到记者悉尼·J.哈里斯（Sydney J. Harris，1917 – 1986）的一句俏皮话——"学生更像牡蛎，而不是香肠。"我反复思想他这句话究竟是什么意思。令我高兴的是，后面有句解释，"教育工作不是把学生填满然后封上，而是帮助他们敞开，发现自身内在的丰富"。[1]

我自己作为教育工作者的经历说明，这句话并不完全正确！但这不是重点。关键在于，可视化的意象为我们理解某个教育观念提供了印象深刻、易于记忆的方式。哈里斯还有句俏皮话很有意思："教育的全部目的就在于将镜子换成窗子。"

你明白他在说什么吗？这回我觉得他可能说对了。

人类都喜欢意象，意象对于我们组织、表达自己的想法大有帮助——包括我们对上帝的认识。在上一章中，我们已经看到这些关于上帝的意象或比喻如何发挥"窗子"的作用，让我们从思想和想象两方面理解上帝。拿撒勒人耶稣讲的比喻吸纳了加利利一带乡村日常生活的元素。一只迷失的羊或一粒发芽的种子都可以成为一扇窗，让我们看到上帝国度的奥秘。

意象还有另外一个作用：用"等比例缩小"的景象帮助我们理解事物。当有限的思想遇到无限的真实，我们的思想就会竭力表达所遇到的内容。运用类比就是解决这个问题的一个办法，让我们堕落、有限的思想能理解上帝的真实，使我们凭着信心前行。约翰·加尔文（John Calvin）等历代众多神学家都曾强调，上帝怎样"适应"（adapt to）或"俯就"（accommodate）我们有限的能力。

我们在《信仰与信经》中探讨过柏拉图著名的洞穴比喻。现在来简要回顾一下。你记得柏拉图让我们想象一群终生被困在地下洞穴中的人，他们对洞外的世界一无所知。他们对现实的认识就局限于这个昏暗、满是阴影、唯靠火光照亮的地方。

你自己设身处地想一想。你内心深处知道，生活肯定不仅仅限于这个阴暗、乌烟瘴气的地方！然而你就是没办法证明。我们很容易理解，为什么柏拉图洞穴中的囚犯会相信真实世界就是他们周遭的样子。

现在想象来自外面世界的某个人进入了洞穴。她来自真正的世界——空气新鲜、阳光明媚、树木葱郁、山峦起伏、碧空万里。你和你身边的人仍对外部世界一无所知，那她该如何解释那个世界呢？答案很简单：她会打比方。她会用洞穴世界的事物帮助我们理解外面那个更广阔的真实世界——那是她了解而洞穴内的人毫不知晓的世界。

她想让你知道树的样子。她注意到洞穴里散落的零星木料，然后跟你解释，树跟木料很像，但远比木料高得多！而且树是有生命的！树上长满翠绿的叶子！她会告诉你，树和木料有些**相像**——**但树并不仅仅是那样。**

或许她会注意到洞穴角落的一滩死水。她会说，在外面的世界，有河流湖泊。湖泊就像那滩水——只是比那滩水更大更美。同样的主题再次出现——外面世界的事物**与此相似，但不仅仅是这样**。

当我们说上帝是我们的牧者，我们的意思是上帝像一位牧者——而绝不仅仅是牧者。这是个不错的开端。这个意象帮助我们想象上帝对我们的照料、引领与保护——这个意象说明上帝与我们同行。我们需要在这幅宏大画面的基础上，将圣经中关于上帝丰富的见证展开。

先来看我们非常熟悉的、在上一章中提过的圣经意象——将上帝比作磐石。要记住，比喻的意义在于说明两样事物相似，而不是完全一样，那么我们一定要把不适合的方面排除掉。有人可能会以为"上帝像磐石"的意思是"上帝了无生气"，但这样就与其他许多强调上帝活力与权能的意象冲突了。第二个意象又怎么理解呢：上帝像牧羊人？这幅画面传达的意思并不是说上帝是人，而是通过牧羊人所做的某些事，让我们更好地理解上帝如何照料我们。

我们很多人可能会专注于圣经中对我们影响最大最深的一两个关于上帝的意象。这样做没有什么问题，只要我们记得，单单一个意象不可能将上帝完全呈现出来。基督教神学的任务也正在于确保诸多比喻汇集一起，尽可能丰富地呈现出上帝的画像。保罗宣告上帝"远超过一切有名的"（弗1：21），他实际指出了两点。第一，上帝比任何"有名"的人都更尊贵，他不服在任何人的权柄之下——过去、现在、将来都是如此。第二，受造界任何被命名的事物都不足以代表上帝的身份与真貌。

然而，让我们现在来进一步研究诸多世纪以来基督教会所推崇的用来称呼上帝的特定称谓。

我信上帝，全能的父

如我们在上一章看到的，信经帮助我们表达对上帝的信心，即"我们的主耶稣基督的父上帝，就是发慈悲的父，赐各样安慰的上帝"（林后1：3）。信经一开始就以"父"称呼上帝的原因之一在于，这是拿撒勒人耶稣提起上帝或向上帝祷告时使用的称呼。福音书中着重讲了拿撒勒人耶稣怎样将上帝称呼为他的"父"。的确，主祷文——被广泛视为基督徒的"祷告词典范"——就以"我们［在天上］的父"开始。那么，信经使用这个词，就完全是在模仿耶稣的榜样。基督徒信靠的上帝，就是耶稣所认识、顺服并显明出来的上帝。

我们需要立刻澄清一个普遍存在的误解：将上帝称呼为"父"**并不意味着上帝是男性**；也不意味着我们需要自己发明一个女性上帝作母亲。圣经和基督教悠久的历史对这一用词的解析很清楚：上帝**创造**了男性与女性，但上帝既**不是**男性也**不是**女性。性别是创造秩序中的一部分，但是人类历史中有时与性别相关的社会角色却不是上帝命定的。那些因素只是文化上偶然出现的，随时间发展而不断变化。

那为什么许多基督徒都将上帝称为"他"呢？这个问题出在人类语言，而不是上帝的本质。在英语和其他许多语言中，对有生命的东西有三种指代选择："他""她"或"它"。我们能够理解，基督徒对上帝的理解是明显具有位格性的，为了将这一关键理解忠实表达出来，我们就需要用"他"或"她"指代上帝（因为用"它"来指代上帝是完全讲不通的）。许多基督徒依然更愿意用男性的指示代词"他""他的"来指上帝，这样做也是完全可以理解的。但是上帝超越了人类性别的区分。上帝既不是男性也不是女性，上帝就是上帝——而我们的语言很难将上帝特殊的属性表达出来。

当然圣经中用许多男性的角色典范来描述上帝——比如父亲、王和牧羊人——因而我们很容易忽视那些女性角色的典范。最突出的例子莫过于将上帝比作生养、照料自己小孩的母亲。亚历山大的克莱门（Clement of Alexandria）是 3 世纪一位对女性角色持进步观点的作家，他曾尝试全面描述上帝照料、养育我们的方式。希波的奥古斯丁（Augustine of Hippo，354 - 430）或许是西方最伟大的神学家，他同样强调上帝在对人类的爱和拿撒勒人耶稣对门徒的怜悯中所展现出的母性一面：

那位应许赐予我们属天灵粮的上帝也用乳汁喂养我们，向我们展现母亲的温柔。因为，正如母亲给孩子哺乳时将自己身体中的食物输送给孩子，否则食物将不利于孩子成长（其实小孩子吸收的食物就跟他自己在饭桌边吃到的一样，但从母体吸收的更适合孩子），我们的主为了将他的智慧化作灵奶使我们得益处，就成为肉身来到我们中间。[2]

11 世纪的坎特伯雷大主教安瑟伦（Anselm of Canterbury）提出了类似观点。他在一篇比较个人化的默想中，思考了拿撒勒人耶稣在事工中体现的母性：

> 而你，耶稣，你不也是一位母亲吗？
> 你所做的不正是像
> 母鸡将雏鸡聚拢在翅膀下吗？
> 是的，主啊，你是一位母亲；
> 因为无论是受生产之苦的
> 还是刚刚出生的，
> 你都全然接纳。[3]

这丰富的意象帮助我们在想象中安置一系列主题：我们源自上帝；上帝使我们存在；上帝照料我们、为我们提供一切所需。这是个不错的起点，下面我们将进一步思考信经中最重要的见解之一：上帝并非某种抽象的原则或能力，而是一个有位格的实在。接下来我们就来思考这个主题。

有位格的上帝

我们都喜欢埋怨老板。我还在牛津作学生时

就遇到过一个这样的人。我们一起喝茶的时候，我问他当时在学院里工作怎么样。他接下来用了二十分钟跟我说情况多么糟糕，而我一边慢慢喝茶一边找机会插话。他很气愤。他说那些老板满脑子只有目标和预算，根本不考虑员工的待遇。"他们就像机器一样！根本不把我们当人！真**没有人情味**（impersonal）！"

为什么人们对这一点感触颇深呢？为什么"没有人情味"是个强烈的贬义词呢？那位朋友在谈话中明确地说，他觉得老板把他当作物件而不是人。老板只关心数字、数据和开销；他们的表现不像真正的人，不会关心他人或尊重员工的个性。

这就关乎基督教对上帝的核心理解。我们在福音书对拿撒勒人耶稣的描述中，看到了他与人相遇时对不同个体的尊重。他对待每个人的方式不同，似乎每个人都具有特殊的身份和价值。我第一次仔细读耶稣在井边与妇人相遇的故事（约4章）和撒该的故事（路19章）时，令我印象最深刻的是，耶稣如何按照每个人的不同情况与他们建立关系。耶稣并没有对所遇见的人进行模式化处理，而是把每个人都看作特殊的、有价值的。

无论他们犯过什么样的错、有什么样的缺陷，耶稣都没有轻视他们。耶稣在与人交往的过程中，展现出一位有位格的上帝，这位上帝看重每个人的特殊之处。

这个见解很宝贵。拿撒勒人耶稣并不像宗教导师那样，单单将真理指给我们看，似乎真理与他本人毫无关联。他**就是**真理。他不单单向我们展现道路，他**就是**道路（约 14：6）。我们需要把从乏味的神学教科书上看来的、类似某种概念的上帝从脑海中清除掉。那些概念抽象的系统专注于各种命题，又对逻辑过分痴迷，也理应一并丢掉。对上帝最重要的认识，是通过阅读、聆听历史上最伟大的故事来得到的。这个故事体现在上帝子民喜乐的敬拜中，体现在那些认识上帝、生命被上帝改变的人的见证中。这一切都揭示了一位有位格的上帝——一位我们认识（而不仅是风闻），且与我们相遇、相连的上帝。

上帝有位格这一概念在旧约和新约中都以两种方式体现出来，首先是通过上帝的**名字**。想象你在一家银行或律师事务所工作。你要打出一条吸引客户的标语。你的目的可能是让别人知道这是"一家值得信赖的银行"。这暗示了借着可靠性与稳定性积攒来的好名声。你要表达的信息是：
"看看我们过去的作为。我们还是那家公司，没有
改变。你今天依然可以信赖我们！"

对很多圣经作者来说，名字表明了一个人的
身份与特殊性。在旧约中尤其如此，上帝的属性
就借着上帝的名字概括、表达出来。患难之时
"求告耶和华的名"（珥2：32）就是向所认识的上
帝呼求；这种呼求表达了需要与焦急，也饱含爱
与信任。"以色列的上帝"是过去那位可以信靠的
上帝——比如离开埃及、进入应许之地的时候。
上帝的名与本质从未改变。上帝如今依然值得我
们信赖。

上帝有位格这一概念的第二种表达方式，是
通过"上帝的面"这个意象展现出来的。见到上
帝的面意味着恩惠、亲密与接纳。如果一个统治
者要断然拒绝某人，他会转脸不看那个人。诗篇
作者感觉远离上帝时，就用这一画面表达他担心
自己遭拒绝与遗弃的心情。"耶和华啊，你为何丢
弃我？为何掩面不顾我？"（诗88：14）见到上帝
的面，就是确认上帝存在，而且上帝以恩惠待人。
因此新约最重要的一个主题总是令人兴奋不
已——通过拿撒勒人耶稣，我们能看到上帝脸上

的荣光（林后 4：6）。

对上帝位格的理解还体现在基督教对天堂的认识上。有些人认为，人类的最高目标在于丢弃我们不同的身份，这样我们就都变得如大海中的水滴一样。基督教对此看法完全不同。我们对上帝来说是不同的个体——上帝认识我们每个人，他看重我们不同的身份。新耶路撒冷的院宇中并非住满了历史与记忆完全被洗刷干净的无形游魂。我们在新耶路撒冷的时候仍然是我们自己——我们被更新与医治，但我们仍是在地上的自我的延续，可以认得出来。我们在地上与上帝建立的关系将会在天堂继续并得以完全。

实际上，圣经对上帝的描述，常常只有在上帝与人的关系中才能体现出意义。上帝是可靠的——那就是说，他配得信靠。上帝是一位不会令我们失望的朋友，是我们的同伴，当事情搞砸时也不会遗弃我们。我们可以像信任爱我们的父母那样信靠上帝，因为父母把我们带到这个世界上，盼望我们充分享受生活，尽管我们失败，他们仍然爱我们。上帝不单是对我们说话，似乎我们的信心就在于一直听从上帝吩咐我们该做什么；上帝对我们说话，是为了对我们做出承诺——向我们保证，我们不会孤孤单单，不会被抛弃。上帝如忠实的牧羊人一样站在我们身旁，帮助我们分辨是非，在旅途中鼓励我们，最终带我们到新耶路撒冷。

对上帝位格的认识也有助于我们信仰的其他方面，包括我们思考和生活的方式。比如，保罗就用"和好"（reconciliation）——两个人关系的恢复——的概念帮助我们理解基督的工作（林后5：18－19），这一点我们在《拿撒勒人耶稣》中会做更多探讨。不仅如此，对上帝位格的认识也帮助我们理解祷告在基督徒的生活中有多么重要。祷告最重要的意义在于加深我们与上帝的关系，在祷告中说出自己最深的需要和恐惧。我们花时间和朋友在一起，只是因为我们爱他们，想要保持这份关系积极而有意义。我们与上帝的关系也是这样。如果我们只是从实用的角度理解祷告，似乎祷告是我们交给上帝的"礼物清单"，那我们就没有理解祷告真正的意义。我们知道上帝亲近我们，而祷告使我们亲近上帝，这才是祷告最大的作用。

还要说明一点。我们这个时代最可怕的东西之一是"非位格化"（depersonalization）——将人简化为数据，简化为某个数据库或社会分类中的数字。非位格化最野蛮的方式莫过于纳粹奥斯维辛集中营，那里遭受奴役的人的小臂上都被刺上编号。没有人记得他们的名字——他们不再是人，而仅仅是一个编号。我们绝大多数人都会反抗这种对个体身份——我们具有个体的价值——的削弱；我们有名字，而不是编号；我们渴望被当作**人**来看待，却被当成了**物件**！这也说明，基督教对上帝位格的认识至关重要。**上帝是我们个体身份的担保人**。上帝把我们每个人当作人来看待，而不是当作物件。上帝呼召我们每个人，他按名字认识每个人。这个世界可能把我们当作无位格的物件，但上帝才是真正重要的那位，他按名字认识我们每个人。"你不要害怕！因为我救赎了你。我曾提你的名召你，你是属我的。"（赛43：1）

我们已经大致列出基督徒谈论有位格的上帝的几点原因，但在这个问题上还需要再做解释，所以我们需做进一步探究。20世纪70年代，我刚开始在牛津认真研究神学时，发现了哲学家马丁·布伯（Martin Buber，1878–1965）的一些著作。布伯研究的核心问题之一是"人"的意义。[4]他说，我们与物品——比如一支铅笔——相联系的方式，相比于我们对另一个人做出的反应，二者究竟有什么不同呢？

答案可能显而易见，但依然很重要。我可以列出我对铅笔的了解——形状、重量、颜色和长度。我也可以列出一个人的这些特征——体型、体重、肤色和身高。这两张单子有很多内容相似，但是对于铅笔，我只能了解这些——与铅笔相关联的方式只有一种，而与人相关联则涉及两种层面。我可以**知道**某人（比如知道他的血型），也可以**认识**某人——也就是说，与他/她建立某种关系，可能是朋友或同事，也可能是恋人。C.S.路易斯做了一个著名的区分："知道"（knowledge-about）和"熟识"（knowledge-by-acquaintance）。前者是事实层面的知识，后者则深入得多——意味着我们在相遇中彼此"品味"。[5]

我们有可能将这两种概念混淆。许多人之所以阅读杂志或网上文章，是因为他们认为通过这些特别渠道，就可以了解名人的真实生活和秘密，好像是窥探了我们本不该知道的事情。同时我们也知道，了解关于名人的流言蜚语并不意味着我们成了名人的密友。我们内心深处完全明白，知道美国总统与认识总统并不一样！关系是双向的，我们下面就来进一步讨论。

关于上帝位格的四种深刻见解

理解上帝具有位格，这对我们正确理解信经具有核心意义。下面列出四种见解以帮助我们更全面理解这一主题。首先，说上帝具有位格，就清楚表明我们了解上帝——比如上帝是满有恩典、公义、信实的。我们可以进一步说拿撒勒人耶稣是"那不能看见之上帝的像"（西 1：15），他向我们展现——而不仅仅是**告诉我们**——上帝是怎样的。

不过这样的了解并不意味着我们对上帝有多大兴趣或感情——这种了解就像知道法国的地理情况，而根本不涉及我们有没有兴趣去法国。新约对基督教信仰的描述，更重要的内涵在于我们与上帝有互动的关系，在这种关系中我们不但**知道**上帝，而且拥有**认识**上帝的特权——"认识你独一的真上帝，并且认识你所差来的耶稣基督，这就是永生。"（约 17：3）这里"认识"上帝意味着经历上帝、爱上帝和渴慕上帝。

我们接下来看第二种。假设你想跟某人交朋

友，不过那个人并没有同样的想法。这太糟了，不过现实就是这样！友谊中包含喜悦，必须双方都有这种感受才能开始一段友谊——一个人跳不成探戈舞。但是，基督教信仰中理解的上帝是一位满有恩典慈爱的上帝，他早就准备好与我们建立个人的关系。上帝已经在基督里采取主动，来到我们身边，急切等着我们回应。我们不是擅自闯到上帝面前——我们是受邀前来。上帝已经为我们扫清了路上的一切障碍——我们只需对上帝的邀请做出肯定的回应。

第三种见解是，这种思考方式会帮助我们理解信心的成长。我们说"深化我们的信心"的时候，是什么意思呢？我刚成为基督徒时，以为这话的意思就是更多了解基督教的知识。因此，我花了很多时间学习圣地的地理情况和古代以色列诸位君王的年表。但我的信心好像根本没有增长！

其实，就如我们花时间与别人在一起，提高我们对别人的委身程度，以促使一段友谊更加牢固一样，我们花更多时间敬拜、祷告，吸收前辈在信仰道路上的真知灼见，我们的信心就会增长。我发现比如托马斯·厄·肯培（Thomas à Kempis）等属灵作家就能帮助我更深入理解福音书，他们向我展现了如何不断丰富信仰方面的认识。

最后一点，这种思考方式帮助我们理解启示的本质。我们所说的"启示"并不是说上帝单单给我们的某些信息。我们很容易把启示理解成上帝从遥远、安全的地方给我们发来的信息——或者某些属灵提示。这的确是事实的一部分，但**只是**一部分。从更深入、更全面的角度来看，启示是上帝采取主动，亲自来向我们**展现**——而不仅仅是**告诉**我们——上帝是怎样的。

我们如何在耶稣基督里得见上帝呢？我们在《拿撒勒人耶稣》这本书中将会做更多研究。耶稣的作为反映出上帝的样子。耶稣因朋友拉撒路死去而流泪，这反映出上帝对我们脆弱光景的怜悯（约 11 章）。耶稣在十字架上受死，这彰显了上帝对我们的爱和完全的委身。

一位记念我们的上帝

2008 年，我开始着手重新研究 C. S. 路易斯的生平。那次研究包括按时间顺序阅读他的全部作品，还有大量关于他的文献。我偶然看到 20 世纪 10 年代至 20 年代路易斯和朋友的早期照片。

有些是几个人的合照，有些是一大群人的合影。我很容易在照片里认出路易斯本人和那些在他生命中扮演重要角色的人，比如他的父亲，他的兄弟沃伦（Warren）以及他儿时的朋友亚瑟·格雷夫斯（Arthur Greeves）。路易斯与格雷夫斯保持通信超过半个世纪，直到他 1963 年去世。

但是照片里也有些人我无法辨认，我咨询的那些人——包括那些对路易斯家族史有专门了解的人——也无从得知。很多时候我只能在人物旁边注明"不详"，尽管他们明显是路易斯朋友圈里很重要的人。他们曾经很重要，现在却已无人记得——他们的身份和关于他们的记忆完全从历史中褪去，就像一张纸上的墨迹被水洗掉一样。"智慧人和愚昧人一样，永远无人记念，因为日后都被忘记。"（传 2：16）

我们都喜欢被别人记得。我们希望自己的存在给别人带来改变；我们希望自己在关键时刻帮助了别人；我们的生活对别人是有影响的，尽管影响可能非常小。不过，我们绝大多数人都没能留下什么。能够阻止我们在历史迷雾中消失的唯一方式，就是后人主动追忆我们。

英国每年 11 月都要举行仪式，回顾第一次世界大战的毁灭性影响，在纪念仪式中诵读战死者的名字，"以免我们忘记"。我曾有幸侍奉过阿尔维斯考特的科茨沃尔德村庄，许多年前在那里，人们会怀着认真的态度和诚挚的爱意，用黑墨水写下死者名字，所以凡来到教会的人都会记得他们。如今名单还在，但墨迹正在褪去。终有一天，人们将无法再看出那些名字。

旧约作者的一大恐惧在于，他们自己会被别人遗忘，甚至被上帝遗忘。耶路撒冷的居民被流放到巴比伦时，他们也想知道上帝是否还记得他们。毕竟，他们远离了家乡。也许他们当中有些人会以为，上帝是某种地域神明，对以色列境外发生的事情毫不关心。这就解释了为何以赛亚会在先知书中花那么大力气说明上帝记得他被流放的子民。"雅各、以色列啊，你是我的仆人，要记念这些事。以色列啊，你是我的仆人，我造就你必不忘记你。"（赛 44：21）

这个"上帝记念"的重要主题在母亲与婴孩的亲密关系这一意象中体现得淋漓尽致：

锡安说："耶和华离弃了我，
主忘记了我。"

> 妇人焉能忘记她吃奶的婴孩，
>
> 不怜恤她所生的儿子？
>
> 即或有忘记的，
>
> 我却不忘记你。
>
> 看哪，
>
> 我将你铭刻在我掌上，
>
> 你的墙垣常在我眼前。
>
> （赛49：14 - 16）

把上帝比作永不会忘记孩子的母亲，之后笔锋一转，补充说上帝子民的名字"刻"在他的手掌上。那些名字永远刻在上帝身上；即便我们忘记上帝，上帝也会记得我们。

我们为什么会忘记上帝呢？显而易见的一个答案是时间上的压力。高强度的工作、紧迫的截止时间和不安都涌入脑海，把对上帝的思想挤到脑后。关于这个主题最著名的一段祷告，是皇家指挥官雅各·亚士里（Jacob Astley）在英国内战期间（1642 - 1651）为埃奇希尔战役（Battle of Edgehill, 1642）备战时所作的祷告："主啊，你知道我今日会多繁忙，若我忘记你，求你不要忘记我。"我们都需要安静的时间来思想上帝，与上帝重新联结。

有些时候我们忘记上帝是因为我们被迫如此。苏联时期（1922 - 1991）无神论的强力推广致使人们努力抹去对上帝的记忆。捷克裔小说家米兰·昆德拉（Milan Kundera, 1929 - ）见证了权力集团如何迫使人们忘记那些有碍他们统治的事情。"人性与权力的对抗，就是记忆与忘却的较量。"教会需要想出对策，使人们保留文化中对上帝的记忆，而他们面对的人或集团为了达到自己的目的企图，叫人们把上帝忘得一干二净——当然，那些所谓"目的"常常被称作是为了社会整体的益处。

我们在其他情况下也可能忘记上帝。人们的寿命有所延长，这就意味着更多人在老年经历记忆的丧失。记忆丧失可能导致一个人忘记自己的身份，最终甚至无法辨认自己的配偶、孩子或终生挚友。上帝也被遗忘了。[6] 这令曾与病人非常亲近的人特别难过，他们看到自己曾经认识的人似乎消失了，会感到一种丧亲之痛。

在这些情形中，我们一定要努力将眼光超越我们亲人所经历的悲剧性变化，持守住这一真理，也就是即便我们忘记上帝，上帝也不会忘记我们。

如果我们逐渐丧失的记忆导致我们再也想不起曾经爱过的人，我们依然要相信，上帝记得我们。老年总是艰难的。我们可以思想诗篇作者在衰败的晚年如何呼求上帝不要离开他。"我年老的时候，求你不要丢弃我；我力气衰弱的时候，求你不要离弃我。"（诗 71：9）无论我们在地上遭遇何事，上帝一直记得我们，他清楚地记得我们。虽然我们老迈之时无法再维护与上帝的关系，上帝也会一直维护他与我们的关系。到那个时候，我们只能完全把自己交托给上帝——我们可能觉得那走失的羊实在太疲倦了，无法靠自己的力量回到安稳的羊圈；然而上帝，我们的好牧者，会找到我们，并把我们带回家（路 15：4－7）。

　　以上就是将上帝称作"父"的部分含义。

第3章
全能上帝： 权柄、怜悯与苦难

那是我刚上学时的一段往事，是我记得最为清楚的往事之一。我当时大概七岁，有天吃午饭，我跟两个同学展开了激烈的讨论：谁的爸爸最厉害。可能全世界的校园都发生过这样的讨论。

"我爸爸是卖肉的！也就是说，他挣很多钱！"我们完全理解这话的意思。我不甘示弱，参与进来："我爸爸是个医生！也就是说，他能给人治病！你生病了就需要他那样的人给你治！"然而，等第三个小伙伴开口，我说的就黯然失色了——"知道吗，我爸爸是警察。也就是说，他能把你关进监狱！他想做什么就做什么！"当时我们都对司法制度或公民权利这类事情毫无概念，所以究竟谁的爸爸最厉害也就自然达成一致了。

对于七岁的我来说，那是个令人不安的想法——进监狱并不像听上去那么有趣，所以我和小伙伴们都觉得还是不要得罪警察的儿子了。那个孩子对我们的想法欣然接受，还主动提出了确保他喜欢我们、保证我们自身安全的几个建设性意见——比如替他做作业。

那个年纪的我总是把上帝理解为宇宙警察。他想怎么样就怎么样，没有比他更厉害的，没有谁能跟他争论。我并不是很喜欢那个上帝的声音。上帝似乎随意制定规则，一时兴起立下诫命。

而那就是许多人对信经中"全能"的理解。甚至连基督徒也把上帝想象成权力无边的都铎王朝（Tudor）君主。他们把祷告看作免于得罪上帝的手段——有点类似都铎宫廷派系之争，把道德扔在一边，纯粹为了增强自己的利益而讨好君王。在一个由权力与影响力主宰的世界，人们很自然假定全能者会占据至尊位置统治其他所有人。

纳粹独裁者阿道夫·希特勒毫不迟疑地把上帝称作"全能者"。[1]对希特勒来说，上帝就是至高权力——你希望他站在你这一边。但瑞士神学家卡尔·巴特（Karl Barth）在二战结束后的一系列演讲中指出，从权力的角度定义上帝最终是在神化权力。权力绝对化之后就可能变得像恶魔一样——权力会吸引那些追求自身利益的人，成为邪恶甚至毁灭性的工具。[2] 我们说上帝"全能"的时候需要仔细斟酌这个词的意思，避免陷入错误的思路中。

全能上帝是无所不能的吗？

很容易理解为什么很多人认为信"全能"的上帝就是信一位无所不能的上帝——上帝终归是上帝啊。但你开始思考这个问题时就会发现，事情并不那么简单。我们来一起思考几个问题，看看会得出什么样的答案。

上帝能画出有四条边的三角形吗？答案显然是不能。三角形有三条边；画四条边就是别的形状了——四条边的三角形不存在，也不可能出现。上帝并不能画出有四条边的三角形，这本身并不是个问题；这只是迫使我们用稍微复杂一点的方式重新作出简单的陈述。"上帝全能，意思是说上帝能做一切在逻辑上不矛盾的事情。"

这个说法不错。但是很快我们就会发现，这个修饰后的定义也不大对劲。我们再问个问题就知道毛病出在哪里了：上帝能够食言吗？

食言并不包含什么逻辑上的矛盾。这件事做起来也不难。令人难过的是，我们一生中大多会有食言的经历，尽管我们那样做的时候可能特别不情愿。既然上帝可以做任何逻辑上不矛盾的事情，那么他当然能够食言。

这种推理似乎无懈可击，但是很多读者顺着这个思路想下去会感到不安——上帝会食言这种说法好像有问题；这么说似乎把上帝降低到跟我们同一水平上；这就是说上帝像堕落犯罪的人一样！我们再来问另一个问题：上帝会说谎吗？同样，这也不是一件难办的事。在这个见利忘义的世界，很多人都会说，有些人必须靠说谎才能保住工作。如果人类可以故意欺骗别人，当然上帝也能？毕竟，这里**没有**逻辑问题啊，所以我们能够得出结论，全能的上帝可以说谎——可能说得比我们还好。

除非我们知道，我们的上帝就是不会食言的。基督教关涉一位配得信赖的上帝，而上帝是不可能也绝不会说谎的。即便上帝这样做了，可能也不会违背什么逻辑原则，但会破坏比逻辑深刻得多的东西——我们对上帝属性的认识。在此，逻辑让我们失望了。这里关系到另一种更深刻的内容——上帝的属性。

信实、值得信靠的上帝和滑稽可笑的神明——比如荷马笔下令人讨厌、自私的奥林匹斯诸神，时不时需要被劝诱或奉迎一下——之间有天渊之别。信经说明了所描述的上帝是哪一位——可不是荷马笔下的某一位。

对基督徒来说，上帝是信实可靠的，而信实可靠的人是不会做某些事情的。他们信守自己的诺言。圣经中的见证、上帝的本质与属性都说明，上帝不会欺骗或说谎。"耶和华你上帝原是有怜悯的上帝，他总不撇下你、不灭绝你，也不忘记他起誓与你列祖所立的约。"（申4：31）绝大多数圣经版本译为"真理"（truth）的那个词，希伯来文原意正是"可以倚靠的"。上帝做出应许——然后坚守这些承诺。上帝告诉我们关于人生的真相，甚至有些时候我们都感到无法承受。以色列和基督教会的信心就建立在上帝信实的基础上，他做出承诺就必然履行。

1801年，伦敦证券交易所成立，替代了伦敦17世纪咖啡馆，成为英国经济生活的中心。证券和股票售出时无需任何书面承诺或文件。那些来做交易的人都是绅士，彼此认识，互相之间绝对信任。证券交易所采用的座右铭反映出这点："口头担保"（*dictum meum pactum*）——"我的承诺就是我的合同"。

世界银行系统如今仍旧依赖与此完全相同的信任，破坏这种信任会带来严重后果——就如2008年经济危机中所出现的，全球市场几近崩溃。没错，你可以食言，即便别人信任你、倚靠你的时候也可以这么做，但没人会觉得这是自由与正直的美好体现。这只会让你显得无诚信、不可靠。

福音书讲述的上帝是可以信赖的，我们可以倚靠他的应许。我们的生命都需要一个稳固的根基，对基督徒来说，生命的锚就是上帝的信实，就是上帝会一直帮助我们。上帝的信实是上帝属性的特征，表明他是怎样的上帝。

那么我们对上帝"全能"的研究得出的结论是，"全能"并不意味着上帝**能够**或**选择为所欲为**，也不是说上帝不再是公义怜悯的上帝；而是说上帝行大能的作为——同时他既行公义又好怜悯。上帝对我们所怀的旨意是正直的，他也有能力实现自己的旨意。上帝不单单应许赐给我们救

恩，也有能力实现救恩。"那召你们的本是信实的，他必成就这事。"（帖前 5：24）

全能上帝：权柄与属性

1887 年，英国政治家、历史学家阿克顿勋爵（Lord Acton，1834－1902）指出："权力都倾向于腐败，而绝对权力导致绝对腐败。"结果，"大有作为的人往往总是坏人"。这一想法影响了我们对公务机关的看法，认为权力太过集中会带来风险。人性中的道德非常脆弱，往往无法抵挡权力所带来的诱惑与特权。

这一主题体现在 20 世纪最伟大的文学作品之一——J. R. R. 托尔金（J. R. R. Tolkien）的《魔戒》（*The Lord of the Rings*）中。魔戒似乎能给其拥有者带来权力，然而实际上是魔戒俘获了那些人。托尔金敏锐地发现，拥有绝对权力的可能性揭示了人们真正的本性。权力就像灵魂的镜子：我们可以随心所欲的时候，就会让别人知道我们究竟要做什么。美国总统亚伯拉罕·林肯（Abraham Lincoln，1809－1865）也清楚表达了这种观点："如果你要试验一个人品行如何，就给他权力。"

福音书中对试探的描述最清晰可见地体现了这点。拿撒勒人耶稣开始在加利利公开传道之前，曾在旷野中忍受试探——这些试探都属于权力滥用（太 4：1 - 11）。为什么不把石头变成食物呢？真是令人惊叹的一幕啊！为什么不从殿顶跳下去，叫众多天使来救你呢？那该有多么震撼啊！但耶稣的服事是用权柄帮助别人，而不是他自己，于是他让那试探者失望了。这是身份、道德与品行的问题。

旧约作者完全理解这一点。他们宣告，上帝是"有怜悯、有恩典的上帝，不轻易发怒，并有**丰盛的慈爱和诚实，为千万人存留慈爱**"（出 34：6 - 7）。以色列民族所认识并信靠的不是一位喜怒无常、信实之心转瞬即逝的上帝。相反，以色列的上帝用行动表明自己的身份与属性——他是值得信靠的。

然而，很多人会对此提出合理的质疑。如果上帝真的统管一切，为什么世界上还有这么多问题？为什么有痛苦和苦难？为什么存在不公与邪恶？

上帝与信仰的幽谷

小时候，我们一家人曾多次到爱尔兰西北部

的多尼戈尔郡（County Donegal）度假。我们特别喜欢那里美丽的海滩和遍布丘陵的乡村。但是，从西边横扫过来的大西洋暴风雨，将多尼戈尔变得非常潮湿，而我印象最深的是我们一家坐在车里，等着雨停。每当此时，我父母就会打开保温瓶，让咖啡的热气凝结在冰冷的车窗上；父亲时不时掏出手绢擦玻璃，看是不是还在下雨。多尼戈尔当然还在那里，只是我们隔着模糊的车窗看不清楚而已——玻璃模糊不清。

有些时候我们觉得生活就是那样的——有些事情就是看不清。痛苦与苦难发生时，上帝在哪儿呢？上帝为什么允许重大灾难发生呢？这些几百年来基督徒一直追问的问题会带我们走向"护理"（providence）观念的核心——"万事都互相效力，叫爱上帝的人得益处"（罗 8：28）。在研究这个概念的时候，我们需要对自己有限的理解力有比较现实的认识。

18 世纪，随着欧洲和美国"理性时代"（Age of Reason）开启，西方文化发生重大转变。此次运动的一个结果——有时称为"启蒙运动"（the Enlightenment）——就是不断强调答案要清晰、有逻辑。模糊不准确被视为错误的标志，而一些神学家和布道者也改变了他们讲述神学难题的方式——比如护理这一神学问题。过去，他们知道人类思想的局限性，往往谨慎解释这些难以理解或难以用言语表达的事情。但是后来，基于死板的逻辑，他们为那些深奥的问题提供简单、取巧的答案，而那些问题根本不可以这样作答。这样做，最终的结果就是鼓励肤浅的信仰，然而这样的信仰无法诠释人生中复杂、模棱两可的事物。

我们不太容易接受的事实是，有些问题就是无法得出满意答案。在《信仰与信经》中我们讨论过，要看到基督教信仰中联结一切的"全景"。基督教就像镜片一样使事物显得更加清晰；又像一盏照明灯，使我们看清景观的细处。但景观中总会有阴影，因为尽管上帝能够完全看到一切，我们却不能。如保罗所说，"我们现在所知道的有限"，但是，"等那完全的来到，这有限的必归于无有了"（林前13：9-10）。

我们必须接纳自己的局限性。取巧的答案只适合那些没有理解问题真正所在、满足于对生命最深的谜团做出肤浅和过分简单回应的人。基督教承认我们在理性上、在对真实的把握上都受到局限——既然我们无法完全看清，事物总会显得模模糊糊的。

我们现在翻阅一下《约伯记》是有助益的，这是全世界思考苦难最出色的作品之一。我以前总是盼望约伯的故事能够为"上帝为何允许苦难发生"这个问题提供简单明快的答案。但是我没有找到这样的答案。最初我很沮丧，甚至有些生气，然而随着我年长一些、不断阅读这卷书之后，我开始非常欣赏其中的智慧。为什么呢？因为我发现，有两个主题似乎帮助我从合宜的角度看待苦难。第一个主题是约伯好心的"安慰者"关于苦难巧妙简短的理论。每一种理论都显出了缺陷，最终得出的结论是，没有哪种理论可以解释苦难的奥秘。人类的语言根本无法表达属天的真相。约伯不得不面对这一点。

第二个也是更加重要的主题是，上帝回应了约伯要得到答案的要求，让他用一个全新的方式看待事物。上帝让他看到了全景，那完全超越约伯自己的有限视角。似乎帷幕拉开了，世界广袤的全景展现出来。之前约伯质疑上帝，怀疑上帝让他受苦此举是否明智。现在，约伯看到了部分全景（人类是不可能完全或彻底看清全景的），他开始重新审视他从自己有限、在一定程度上自我中心的视角看到的事情。他意识到自己无法对一切做出完整透彻的理解，上帝的智慧比他自己的更深奥。最终，他可以应付苦难，完全是因为他知道上帝真的与他同在。

我们需要意识到自己的局限，避免对"我们能够确定地知道什么、清楚地认识到什么"这些问题产生不切实际的期待。我们觉得自己应该能够证明某些事情是真实的——比如说上帝存在——但事实往往不是这样的。接受我们自身的局限，这是信仰成长的关键一步。

意识到理性的局限性，这不光是基督徒需要做的！几年前我在伦敦演讲，之后跟一个哲学专业的新生讨论。他说，一两年之内，他纯粹靠理性分析，将对生命中所有重要问题都做出回答——他只相信理性可以证明的东西。一切就是这么简单！我让他给我证明，理性是完全可靠的——我指出，毕竟，我们相信理性之前需要对其进行检验啊！那个年轻人显然没有想过这个问题，他试着做出了几个不太肯定的回答，然后沮丧又气愤地走开了。

有意思的是，我们只有充分运用理性的时候，才反而会开始意识到理性的局限。法国哲学家布莱斯·帕斯卡尔（Blaise Pascal）很好地表达了这一点："理性所达终极之处，就是意识到有未知数量的事物是理性无法触及的。如果理性尚未意识到这一点，只能说明它走得还不够远。"[3] 这并不是说我们没有能力思考诸如上帝属性之类的课题，而是说，我们需要警惕别人做出的简单取巧的答案。

那么我们的上帝是戏弄我们、抛弃我们的吗？是不公正、不可靠的吗？我们在《创世记》亚伯拉罕与上帝的一段著名对话中看到了对这个问题的探究。亚伯拉罕不明白周围发生的事情，他想了解上帝是如何介入这些事情的，一位公义的上帝又将怎样行动。最后他得出结论："审判全地的主岂不行公义吗？"（创18：25）这既是在提问又是在陈述——亚伯拉罕意识到，除了信靠上帝，他没有别的选择。他并没有看到全景，但他认识、信靠那位他认为配得信靠的上帝。

我们发现自己时不时就处在这样的情况里——我们看不到全景。同时我们要为当下的事情做出选择，决定我们真正可以信靠谁。如果事情变得艰难或者失败，谁会跟我们站在一起，不让我们失望呢？这就是西方文学中比比皆是的主题——

我们需要一位值得信赖的向导和导师。

我还是学生的时候曾听过一位二战期间在北非作战的军官演讲。他负责带领一队卡车驰过沙漠到前线运送补给。大家都知道沙漠里有雷区，但是没人知道究竟在哪儿——除了一位看到埋雷过程的当地人。

我们继续听这位军官描述他的困境。他们需要迅速行动，却又完全不知道哪条路安全，哪条路有雷。最后他做出重大决定：他让那个当地人作向导。他们开着卡车高速行驶，听从向导的指示，虽然根本不知道自己在往哪里开，但相信向导心中清晰明了，并且相信向导会帮他们。好几个小时后，他们平安抵达前线。

我们都曾面临同样的处境——不得不相信别人给我们指引，或帮助我们做出重大决定。人生中最重要的决定往往就是要信任谁。值得信任是一个人的品格特质——如果别人在小事上的表现值得信任，那么我们就会在更重要的事情上信任他们。

这就是亚伯拉罕与上帝的对话中反映出的情形。最终他发现，他对上帝的认识足以促成信任的关系。亚伯拉罕本人并不明白上帝某些作为的原因，但是他愿意相信这些作为体现了上帝的真实本质。就如诗篇作者后来所说，上帝的作为中包含着爱、公义与怜悯——"慈爱和诚实彼此相遇；公义和平安彼此相亲"（诗85：10）。

那么，我们如何在上帝的作为中看出他指引的手呢？有两个主要答案：第一，从历史总体中；第二，从我们个人生活中。爱德华·吉本（Edward Gibbon，1737－1794）在他的著作《罗马帝国衰亡史》（*History of the Decline and Fall of the Roman Empire*）中宣称，历史"几乎就是对人类罪行、愚蠢之举与不幸的记录"。吉本不相信上帝存在，他认为历史的混乱所反映出的就是人类道德的失败。

但是，早期基督徒作家认为，基督教在罗马帝国的迅速发展表明这是上帝的旨意。基督教最早本是罗马帝国文化边缘一个令人鄙夷的运动，但后来信徒在数量和影响力上都逐渐增长。基督教胜过了逼迫和政府方面的敌意，在4世纪末成为罗马帝国国教。上帝指引历史的发展，你还要多么清晰的证明呢？！只不过后来西罗马帝国遭北部侵略后开始瓦解，局势就不那么明了了。

奥古斯丁认为有种理解上帝旨意的方法过于

简化，并对其提出了难以作答的问题。当有软弱堕落的人类参与时，怎么能把历史完全看作上帝旨意的结果呢？教会权力不断增大的同时也受到腐败的侵蚀，丧失了部分属灵生命力。成为罗马帝国国教后，基督教自然成了当权者的信仰，这就导致基督教部分最重要的见解受到削弱甚至丧失。确实，许多近代基督徒神学家已将罗马帝国"基督教化"看作倒退的一步。那种做法可能在当时提高了基督教的社会声望和政治权力，但在其他方面——最重要的是基督教对罗马滥用权力的批评——使基督教的"信誉"打了折扣。

　　这并不是说上帝不在人类历史中做工；这实际上是一种警示，我们对历史的解读不应过分简化，人类当然也是历史的一部分。我们常常把事情搞砸，可能以为我们妨碍了上帝的工作而不是帮助解决问题。幸好上帝可以使用失败来达成他的目的，正如他使用成功一样！

　　我们许多人都觉得，在个人的生命历程中理解上帝的旨意更容易一些。我们觉得上帝的手在指引我们，我们自己的故事也有意义。但是，如果不知道我们所参与的还有一个更宏大的故事，就不可能读懂圣经，或在每日生活中活出真理。

我们可能无法完全看清；我们可能觉得这幅全景有些模糊，难以理解。然而植根于圣经、基督教默想和见证传统中最深的信仰直觉就是，我们自己的生活交织在更大、更深刻的故事里。

我们蒙召进入上帝的故事。这就是说，我们不是在故事外面作旁观者——我们意识到自己受邀成为故事的一部分。我们已被写入故事中，有角色要扮演，有事情要做。思考信心的方式之一，就是把信心看作一种意愿，愿意成为上帝故事的一部分——成为更宏大故事的一部分，我们自己的故事才拥有分量、意义和目的。

那么我们如何在这个宏大的故事中扮演自己的角色，推动一切发展呢？显然，指望上帝将一切都处理好是远远不够的。作为负责任的基督徒，我们不能逃避通过祷告求智慧、努力明智行事的责任。那些在医学领域、救援工作或社会关怀方面工作的人，常常发现他们受到这一异象的激励——一个堕落、脆弱的世界为上帝所爱。他们渴望带来改变，自己就成为上帝改变、更新工作的一部分，对世界作出贡献，使这个世界变得更像上帝期望其成为的样子。

上帝与苦难

对很多人来说，最大的问题就是为何世界上存在苦难与痛苦。我们最深处的直觉告诉我们，一切本不应是这个样子的，肯定出了什么问题。然而我们为什么会这样想呢？并不是每个人都这样：理查德·道金斯（Richard Dawkins）坚持认为，痛苦不可避免，其本身也毫无意义，我们只需要习惯于痛苦的存在。这答案很会取巧，但很多人对此并不满意。我们内心深处知道，事情没有那么简单。

G. K. 切斯特顿（G. K. Chesterton）认为，从基督教观点来看，喜乐是生命的核心特征，而忧伤是次要的。这点对我们也有帮助。生活是复杂的——我们时而经历忧伤，时而经历喜乐；我们周围的世界有些地方很美丽，有些很丑陋。"人类在每一事物上都能同时找到喜乐和哀伤，唯一值得注意的是两者如何取得平衡或互相抵触。"⁴我们该如何理解这非此亦非彼，复杂、多样化的现实呢？

切斯特顿的回答很重要。世界并非无意义的一团混乱，喜乐与忧伤随意搭配。主导性的主题是，尽管带有悲伤痛苦的色彩，生命仍具有意义，仍是喜乐的。"忧郁应该是无伤大雅的插曲，是纤纤心灵刹那的漂泊；而灵魂应该永远颤动着不息的赞美。"[5] 因为切斯特顿意识到，这个复杂的世界将要过去，要被一个没有伤心、没有痛苦、没有眼泪的新世界替代。我们在此时此地就可预见未来。

切斯特顿明确指出，基督教全景为生命的根本问题提供了答案，只是对某些次要问题尚未作答。鉴于人类思想的局限性，我们不能指望某种世界观能够将一切都解释清楚。切斯特顿认为，对于无神论者，忧伤是生命的中心，喜乐是次要的，因为无神论只能理解生命中次要的问题，而对中心问题无法作答。对切斯特顿来说，关键在于我们从什么视角看待苦难。如果上帝不存在，那么生命就是幽暗蒙昧的，偶然出现闪光而已。但如果上帝存在，生命就是光明美好的，尽管现在阴影依然存在。

有些人争论说基督教的全景使痛苦成了一个难题。而真正的事实比这有意思得多——**正是全景让我们明白，为什么我们觉得苦难是个难题。**我们来进一步探讨这个重要话题。

我们凭直觉认为世界出了问题，这种深深的直觉又是从哪儿来的呢？毕竟，正是这种考虑促使我们讨论"苦难的问题"。对基督徒来说，这种感觉来自圣经对受造界的认识——完美的受造界出现了问题，最终将复原。基督教全景让我们以特别的方式理解现在受造界的次序——那就是，毁坏堕落，需要修复与更新。

C. S. 路易斯评论说，他自己持无神论的时候，认为上帝显然不存在——痛苦与苦难证明，要么上帝不存在，要么上帝存在也是枉然。然而当他对此反复思想的时候，他开始意识到自己原来的想法并不是那么有道理：

> 我与上帝的争论在于，宇宙显得那么残忍不公。但我又是如何产生这种公义与不公的想法的呢？一个人如果对直线没有任何了解，他不会把另一条线称为弯曲的。我说宇宙不公的时候，又是拿宇宙跟什么做比较呢？[6]

路易斯的观点很清楚，不可忽视。任何人对这个世界做出"有问题"或"不公"的判断，都是基于一种对这个世界**本应**呈现出的样子的理解。

而那种理解又是从哪儿来的呢？

对路易斯来说，基督教提供了对公义与喜乐的认识，使他能够把这个世界看作暂时的，这个世界之后还有一个最终的世界。如果这是可能的，就能解释我们自己的世界和经历，同时宣告，当那日来到，我们将会迎接、拥抱一个更美好的世界。

透过基督教的镜片看这个世界，我们就会看到，忧伤、痛苦和苦难是与新耶路撒冷的美好异象相对的——新耶路撒冷"不再有悲哀、哭号、疼痛"（启 21：4）。这个世界显得有问题，是因为我们依照更高的标准做出判断，这标准不是我们发明或想象出来的，而是基督教全景中不可或缺的。与最好的相比，好的也就显出不足了。如果没有新耶路撒冷，这个世界也就无法被超越了。正因为我们得见了基督教宏大愿景中新的受造界、更新的人类和我们无痛苦或死亡的居所，我们才把现今的世界与将来的盼望作比较，得出这个世界存在缺陷、问题重重的判断。

在我职业生涯早期，我曾受邀到瑞士日内瓦大学担任一个高级职位。我发表的一些作品在那里大受称赞，我有机会实现终身调动。所以我从牛津大学赶过去商讨此事。前景非常美好：我将拥有丰厚的酬金、优越的工作环境和在瑞士居住的权利。大学本身坐落于美丽的日内瓦湖岸边，位于欧洲的十字路口。夫复何求？相比之下，我在牛津的职位可没什么吸引力了！随着协谈进行，我心里越来越急切，想象自己已经在国外生活了。

后来，在对工作的理解上出现了问题。我们在一个关键问题上无法达成一致，所以我最后还是留在了牛津。现在日内瓦去不成了，我在牛津的工作就显得完美无缺，不过那是因为我不再拿牛津的工作和更吸引我的作比较了！

这里要说的道理很简单：每一种评估都包含着比较——真实的或想象的。无神论者认为这个世界糟糕透顶，而且是拜一位不称职或冷漠的上帝所赐，他们处境很艰难：没有谁能指出另一个真实、已知的宇宙，用来与我们自己居住的世界做比较。无神论者只能坚持自己的一种**信念**，即一个更美好的宇宙可能存在，但那不过是个信念罢了——不过是没有任何实证基础的断言。

上帝与苦难：如何理解和应对

无论痛苦发生在自己身上还是生命中其他重

要的人身上，人们面对苦难的时候总会想到两个重大问题：我该如何理解这个事情呢？我又该怎样应对呢？这两个问题都很重要，但差别很大。

关于这两种面对苦难方法之间的区别，C. S. 路易斯是最重要的见证者之一。1940 年，他发表了短篇著作《痛苦的奥秘》(*The Problem of Pain*)。那是他第一本基督教护教学大众读物，发表后深受好评。尽管路易斯对待痛苦与苦难的方法是把这当作需要解答的谜团，很多人依然觉得《痛苦的奥秘》中的逻辑分析很有帮助甚至无懈可击；痛苦与苦难显得棘手，是因为它们好像不大容易契合到基督教信仰的全景中。路易斯的一个著名观点是，痛苦如"叫醒服务"，迫使我们意识到自己生命的短暂和有限。"在快乐中上帝对我们低语，在良心中上帝对我们说话，但是，在痛苦中上帝对我们呐喊"；苦难是上帝"用来唤醒耳聋的世界的扩音器"。[7] 因此痛苦可以帮助打破"一切都很好"的假象，让上帝"将真理的旗帜插在反叛灵魂的堡垒上"。

那本重要的著作中有许多卓越观点，现在依然对读者大有裨益。然而路易斯好像把痛苦的经历本身看得不那么重要。"这本书唯一的目的，"

他解释说，"是解决苦难带来的思想上的问题。"[8]现实生活中的任何痛苦经历与他对苦难意义的反思都"无联系，不相关"。[9]有些读者曾怀疑，如果路易斯经历到巨大的痛苦，当他意识到"痛苦的问题"不仅仅是思想上的"奥秘"时，又会怎样呢？

路易斯年近花甲时与乔伊·戴维曼（Joy Davidman）结为连理。不幸的是，1960年，即仅仅四年之后，乔伊死于癌症，而路易斯经历的创伤迫使他重新思考一切。他被哀伤击倒。"痛苦的奥秘"这个漂亮的神学标语，还有将痛苦比作"上帝的扩音器"等描述，在他妻子遭遇的剧烈又意外的痛苦和死亡面前，都成了老生常谈。在对抗情绪爆发和愤怒的过程中，路易斯在《卿卿如晤》（A Grief Observed）中以激烈的言辞记录了自己属灵及思想上的混乱。现在很多人视这本书为记录哀伤过程最优秀的著作之一。该书用文字将丧亲之痛所包含的无望、无助之情完全表达了出来。

然而，路易斯开始更全面地思想自己如何渴望替妻子受苦时，他对自身经历尖锐的分析就达到了转折点。"但愿我可以替她承受，哪怕是最痛的，哪怕只是一点点。"[10] 对路易斯来说，这就是真心爱人的记号：一个人甘愿自己受难，以使他深爱的人免于痛苦。在此，路易斯联系到基督教对苦难现实理解与应对的核心——上帝选择在基督里替我们受苦。对苦难的终极解答并非一个**观念**或**理论**——尽管这两点也很重要——而是一个**人**。上帝选择进入我们这个世界的时候，同时也选择了进入并承担我们的痛苦。

因而，许多基督徒思考如何理解或承受苦难时，他们会求助于一个意象而非一本神学教材。那个意象当然就是钉十字架的耶稣，那"不能看见之上帝的像"（西1：15），他使我们在慈爱、怜恤人的上帝与人类世界的现实之间做出了关键的联系。十架证实，上帝已经进入人类世界之中，承担我们的苦难，胜过苦难，最终救我们脱离苦难。他情愿分担我们的痛苦和哀伤，因为他顾念我们。

之前我们注意到，圣经用父亲和母亲两种意象帮助我们理解上帝的本质。上帝邀请我们信靠他，如同信任一直帮助我们的慈爱父母一样，即便我们远在他乡，父母的心也依然不变。上帝让我们相信，他对我们的委身是无穷尽的，虽然有时我们自己都无法理解为何上帝对我们的委身如此慷慨，但他始终爱我们。

现在我们要转向信经中下一个庄严的宣告——上帝是创造天地的主。这是什么意思呢，又有什么影响呢？

第4章
创造天地的主

　　我最喜欢的古典时期的故事之一提到希腊哲学家亚里斯提普（Aristippus，约公元前435 -约前356）。他曾经在爱琴海的罗德岛（Aegean island of Rhodes）遭遇海难。他当时完全不知道自己身在何方。这个陌生的地方没人居住吗？他能找到人来帮助他吗？他沿着海岸线往前走，发现沙子上有些图案。就如鲁滨逊（Robinson Crusoe）在孤岛沙滩上发现脚印一样，亚里斯提普注意到的东西使他改变了对周遭的看法，让他从新的角度去看待一切。他意识到自己并非孤身一人——岛上还有别人。

　　从有记录的历史开始，人们就在观察周遭世界，探究其中更深的意义。我们看到河流、牧场、远方巍峨的山峦与群星闪耀的穹苍。所有这一切存在的意义是什么呢？它们都从哪里来？是否暗示着一个更宏大的故事？我们真正的家乡就在这里，还是我们另有所属？这个世界呈现出的景观中，是否包含了某些信息，说明我们并不孤单？对于这些问题，人们提供了许多答案，也展开了无休止的辩论。

人类最深的一种直觉就是，这个世界并不是我们真正的家园。我们是寄居的，从这里经过，正走向另一个地方。基督教将这种直觉建立在它对上帝的认识之基础上，特别是通过对创造的认识把这种直觉表达出来。

基督教创造观简介

基督教从一开始就宣告，我们周遭的世界本身并非神圣，但确实有神圣的起源。上帝使宇宙存在，在创造的过程中建立了秩序，这种秩序也反映出上帝的属性。古代近东某些民族信奉本族神明，这些神明的影响是地域性的——比如埃及或巴比伦。对古代以色列来说，承认上帝是创造主，意味着"万军之耶和华"是**整个**世界的主。

"我耶和华是创造万物的，是独自铺张诸天、铺开大地的。"（赛 44：24）这个想法似乎在以色列人远离故土、被掳到巴比伦时期特别重要。他们无需住在以色列，依然可以认识、信靠上帝，依然可以蒙上帝引领。

那么基督教关于创造的教义究竟是什么呢？教义的核心主题又是什么呢？我认为有三点。首先，基督教对创造的理解关乎**起源**（origination）：世界不是永恒存在的；世界是后来形成的——并非出于偶然，而是出于刻意的行动。谈论受造界就是谈论宇宙和我们这些宇宙居民是如何被上帝创造出来的。

这就引出第二点核心主题——**意图**（intentionality）。用浅白的话说就是，宇宙的存在并非偶然，而是来自于深思熟虑。宇宙不是无理由的存在；宇宙是**受造**而存在，是**注定**要存在的。

关于创造的第三点，就是**意义**（signification）。宇宙就如指向其创造者的路标，表明那超越宇宙本身的终极的源头和起始。宇宙以一种简缩的但仍可辨认的方式反映或述说着上帝的属性。如 G. K. 切斯特顿所说，"上帝是位创造者——艺术家般的创造者"。[1] 宇宙带着上帝的印记，揭示出神圣的荣光与智慧——"诸天述说上帝的荣耀，穹苍传扬他的手段"（诗 19：1）。

从起源这个主题开始，创造之教义的每个方面都值得进一步研究。在早期教会时代，基督教对宇宙形成的看法受到世俗作者的广泛批评，绝大多数作者认为宇宙是永恒存在的。基督徒发现自己遭到世人嘲笑。在复杂精致的希腊文化世界，基督教信仰与伟大哲学家亚里士多德的核心教导相悖，那么还有谁会认真看待这种信仰呢？

类似观点深植于近代科学界。截止到 20 世纪初，大部分科学家都认为宇宙是无始无终的。任何"创造"的说法都被视为荒诞不经，宇宙有"起始"的想法纯属过时宗教的无稽之谈，科学已经公正地将其扔进理性的垃圾桶。或许宇宙经历了某些变迁，但是那个时代的科学智慧认为，宇宙存在起始或终点的想法太荒谬了。

现在情况大不相同了！[2] 自 1920 年左右，不断增加的证据开始显明，世界起源于我们现在所称的"大爆炸"（big bang，一个宇宙火球不断扩大，形成了我们现在的世界），然而科学界直到二战后才明确地接受了这种观点。他们如此勉强的一个原因是，这种想法"宗教"色彩太浓了！弗雷德·

霍伊尔（Fred Hoyle，1915－2001）等无神论天文学家担心，这种关于起源的科学新观点过于接近基督教的看法。但是最终，这种无神论的偏见被克服了——宇宙从无到有而形成的观点现在已是主流的科学共识。

然而，认同宇宙有起源，并不必然意味着上帝存在或基督教关于创造的教义完全正确。这种观点对此当然有所**暗示**，也与之**一致**，但并不能做出证明。有些无神论科学家坚持认为宇宙就是偶然地开始存在了。或许宇宙形成的过程我们并不能理解；甚至宇宙可能创造了自身。基督徒合理地指出，这些猜想只是躲避明显现实的笨拙尝试。事实是，我们现在对宇宙起源的了解正吻合基督教"全景"的思考方式。

创造之教义的第二方面——意图——承认上帝定意创造世界、创造人类。世界不是偶然存在的，我们也不是。我们可以谈论生命的目的、宇宙的意义。但是，这些内容并不是如颜色、温度或高度等可以读出的信息：这些是更为深刻的内涵，藏于事物表面之下。我们之前讨论过的《约伯记》中提到，智慧深藏于世界之中，智慧的真实意义不是靠随意、肤浅的一瞥就能看到的。如果我们能够，就要努力发现意义与目的；如果我们不能，就需要被告知意义与目的。

有关创造的教义给了我们一副镜片，帮助我们看清周围与内心的世界。我年少的时候常常熬夜，透过学校宿舍的窗户探索群星组成的图案。我那时拒绝对上帝的任何信仰，相信广袤而无意义的宇宙中自己孤零零一个人，当时的经历就显得特别伤感。夜空中那些沉默的光点，就象征着我自身存在的短暂与生命的徒劳。

研究基督教以后，我就透过新的镜片再次观看同样的星星。我原先视作变化无常、毫无意义的标志被赋予了新的意义——创造那些星宿的上帝也同样创造了我。尽管相对于宇宙的宏大，我显得微不足道，但上帝认识我、爱我、看重我。

> 我观看你指头所造的天，
> 并你所陈设的月亮星宿，
> 人算什么，你竟顾念他？
> 世人算什么，你竟眷顾他？
> 你使他比上帝微小一点，
> 赐他荣耀尊贵为冠冕。
>
> （诗 8：3-5）

创造之教义的第三点——意义——说明，上帝的属性就如一位艺术家的性格一样，通过他创造的作品表现出来。我们正确理解的时候就会发现，周围的世界回响着和反映出关于上帝的信息。事实真相是，大自然本身就是模糊不明的。我们可以尽享日落之美与各种丰富的景观，但是对食物链的血腥场面又作何感想呢？或者如何看待食肉动物为了觅食而加诸彼此的痛苦呢？对于大自然的道德景观，我们需要地图指引才能理解，需要有镜片才能对焦。我们需要知道该如何解读自相矛盾的事物，这样我们才能正确地加以看待；否则大自然道德的模糊性可能让我们认为上帝也是既良善又邪恶的——或者认为，有两个上帝，一个良善，另一个邪恶。

切斯特顿有力地指出了解读的重要性："一个人如果爱大自然的清晨，那是爱她的单纯与亲切。如果这个人到晚上还爱着大自然，那么他就是爱她的黑暗与残忍。"[3] 自然界的编码需要破译。C. S. 路易斯做出了类似的评论："大自然无法满足自身唤醒的欲望，也无法回答神学的问题。"[4] 然而大自然并没有告诉我们其自身真正的意义。如切斯特顿所指出的："一个人必须设法找到不信任这个世界的同时又爱这个世界的方式。"对切斯特顿而言，"爱这个世界的方式"就是基督教教义提供的方式，使他将自然视作理解上帝的风向标，尽管有些时候自然看上去更像是宇宙缺乏意义、目的与公正的证据。

因而，受造界的美就反映出上帝更惊人的美。或许这个世界只是一个更宏大世界的缩写版；不过，我们时而还是能够捕捉到新耶路撒冷响起的旋律，如轻风拂过时一般。或许我们根本无法完全预备好进入天家，不过我们还是可以默想天堂的样子，那里只会比这个世界最美之处更美。

我们现在来看基督教对创造的几种经典观点，这些观点又如何帮助我们理解上帝与这个世界。

敏锐的智慧：　艺术作品与上帝的创造

我在牛津大学瓦德汉学院（Wadham College）读本科时最深刻的一段记忆，就是瞻仰装饰在学院大厅嵌板墙上的克里斯托弗·雷恩爵士（Sir Christopher Wren, 1632－1723）肖像。那是一幅技艺精湛的作品，我在用餐时间常常驻足凝视。雷恩在建筑领域取得辉煌声誉，此前曾是瓦德汉学院的学生。1666年那场伦敦大火（Great Fire of London），使原来的圣保罗大教堂（St Paul's Cathedral）严重被毁，之后相关部门决定委派人员重建。雷恩的名气使他当选为重建设计者，而1710年完工的这座圣保罗大教堂现在依然是伦敦最著名的地标性建筑之一。

大教堂离我在伦敦市中心的办公地点不远，所以我常去教堂参观，体会其中的美与优雅。人们很难忽视教堂中所体现的绝佳建筑设想。很多前来参观的人都质疑，为什么建筑中没有任何明显纪念雷恩的标志呢？他葬在这座教堂！他当然值得立碑纪念啊！

事实上，大教堂本身就是对雷恩的纪念。位于圆顶中心下方的一层大厅，有一圈黑色大理石，其上用拉丁文刻着这样的字句："读者啊，若你正找寻纪念之物，就四围环顾。"[5] 欣赏雷恩智慧与技艺的最佳方式不是借助任何颂词，而是研究他所创建的杰作。创作者的才华就体现在作品本身。我们不必查阅大量关于雷恩的文献，而是通过瞻仰他的成就来亲自欣赏他的卓越才华。当然，通俗易懂的指导手册能够帮助我们对大教堂作进一步探索，但指导手册只是一种补充，永远不能替代我们对雷恩建筑杰作的亲身感受。

与此类似，神学会补充我们对上帝的理解：有时纠正我们的看法，有时拓宽我们对现实经历的理解。但是绝不可认为，神学能够替代我们与上帝的接触——通过祷告、敬拜、思想经文或享受上帝美好的创造而实现的接触。最可悲的事情莫过于，一个书呆子气的神学家对上帝有限的认识，完全是从神学教科书上学来的二手经验。

观察上帝的造物总是胜过阅读关于上帝的书。欧洲文艺复兴时期的作家认识到这一点，建立了一种使神学思考与美学鉴赏共存的方式。他们认为上帝写了两本"书"——圣经与自然界——虽然使用的语言不同，但人类都可读懂、理解。圣经这部"成文的书"帮助读者理解上帝和这个世界，而"自然之书"让我们欣赏上帝的智慧与美。他们认为两本书互相补充，使我们既能**理解**又能亲身**感受**上帝在受造界中展现的智慧。

事实很清楚——许多人都认为神学教科书枯燥得无药可救，而当他们面对宇宙的浩瀚，敬畏之心却常常油然而生，并对宇宙的美惊叹不已。美国诗人沃尔特·惠特曼（Walt Whitman, 1819 - 1892）在他的诗中说，"当我听那位博学的天文学家演讲时",他自己感到天文学讲座非常无聊。因为所讲的全是表格和图解。于是他离开讲座大厅,走到外面的夜空下,"静默地仰望星空",感到无比激动并被深深地震撼。理论很枯燥;现实很绚丽。这也是路易斯支持的观点,他曾带着喜悦援引歌德《浮士德》(Faust)中的话:"理论暗淡无光,但生活的金树长青。"

第二种理解上帝与受造界关系的方式,是将上帝比作绘画的画家或创作小说的作家。我们常说艺术家"把自己的一部分"融入画作,或是小说家叙述的故事深受她自身经历、关注之事的影响。画作、小说本身都是艺术作品,同时又都表现了创作者的某种品格与智慧。(难怪最近几年英国的"图书节"变得这么重要,因为这种节日给了钟爱某些小说的读者向作者表达感激的机会。)

对此最杰出的探究之一出自多萝西·L. 塞耶斯笔下,我们在本系列丛书的第一册《信仰与信经》中曾提到过她。塞耶斯在 20 世纪 30 年代因"彼得·温西勋爵"(Lord Peter Wimsey)系列小说的广受欢迎而出名。小说塑造的彼得·温西勋爵是位耀眼的贵族侦探,他在侦破伦敦社会犯罪案件的过程中显露的天才,为他赢得了大量读者。

身为侦探小说作家的同时，塞耶斯还是位平信徒神学家，与 C. S. 路易斯并称为 20 世纪 40 年代英国最杰出的基督教作家。在《创造者的心》（*The Mind of the Maker*，1941）一书中，她对比了上帝对世界的创造与小说家对文学著作的创作。

《创造者的心》是一部具有里程碑意义的著作，在诸多方面都很有价值，尤其是该书对三位一体教义的思考（我们下一章会着重讨论这个主题）。不过，这部书最值得关注的方面，是该书探讨了一个人最初为何会想要进行创作或创造这个问题。上帝为什么会创造世界呢？为什么作家会写书呢？这其中究竟包含了什么样的动机呢？塞耶斯利用自己作为小说家的经历来探索作者与作品之间的关系，尤其以彼得·温西勋爵这个人物作参照。

创作者对其作品的爱并非贪婪的占有；他从不想要制服作品，却总是让自己受制于作品。一个创作者越是真诚地创作，他就越是希望作品按照自己的本质发展，脱离与创作者的关联。[6]

塞耶斯将作者创作小说与上帝创造世界进行

类比，探索并承认了基督教思想史上最关键的两个主题。第一，创作是出于爱的工作。塞耶斯在此总结了基督教传统自古以来流传的智慧。爱就是上帝创造世界的动机。受造界就是上帝基本属性的体现。创造就是让有价值、有意义的东西形成。的确，受造物传递出创造者的思想；但受造物自身也具有重要价值。受造物的部分意义就在于，它与创造者并非完全一样，而是拥有上帝赋予的独特的身份。

第二，受造物本身有自己的独特身份。受造物源自上帝，反映出上帝的本质与属性，但与上帝不同。塞耶斯探索这一点的时候，邀请读者想象作者创作、塑造小说人物的过程。除非作者尊重人物的身份，否则这个人物很可能只是干巴巴、虚幻的小说形象，读者很难对他有什么看法。

塞耶斯举例来说明这一点。她让我们想象彼得·温西勋爵的一个粉丝好心建议在该书中加入一个情节。"你不能让彼得·温西勋爵去南极，在一次探险中侦破一桩谋杀案吗？"塞耶斯的回答很简单。温西勋爵不可能做那样的事情——他就不是那样的人。他有自己的身份，而作者必须接受这种独特性。作为艺术家，她创造了属于温西

"自己的本质"，就绝不能任意侵犯这个人物的独特之处。

作者的爱的确是一种嫉妒的爱，但这种嫉妒是对作品的占有，而不是嫉妒作品本身拥有什么。他不允许作品受到任何干扰，或是作品与他之间受到任何干扰。但他并不愿意作品的特质完全融合在他自己的特质里，也不希望他的奇妙能力用于扭曲作品的本质。[7]

塞耶斯这个类比很值得我们思考。有时别人会给我们一种印象，如果由他们来管理世界，那么世界会比现在好得多。你应该明白我说的是什么样的人。有一次我参加会议，一位男士大声埋怨某项目占用时间太长。"我们说句公道话，"主席善意地回应，"毕竟，罗马也不是一天建成的。""非常好！那正是因为我没有负责建造罗马！"批评家回答。他比谁都明白。

纸上谈兵的人也是这样。他们说，任何人都能让世界比现在更好！建立没有邪恶的世界很简单——你只需要找对负责该项目的人。他们会否定人类的自由意志，在人心里设置程序，使他们的行为都按照固定方式进行——邪恶的问题就可以很快解决了！

塞耶斯的方法有效地暴露了这种有些自以为是的想法的弱点，因为这样做完全不符合上帝的属性。上帝创造人类的本意就是爱我们，或许我们也会爱上帝。爱是自由回应带出的行为——我们是这样，上帝也是这样。说抹杀掉自由意志就能解决世界上所有的问题，这样说是没道理的。或许有些问题可以解决，但是人类就被夺去了按照"上帝的形象"（创1：27）受造固有的尊严与责任。那些好心的反对者重新书写的人类故事，将带我们进入没有规则的领域，描绘出完全不同的故事。最糟糕的是，我们没有爱上帝的可能。

要适当理解拥有"上帝的形象"是什么意思，我们还需要对这个重要观点做更细致的探索。

人类，上帝形象的承载者

当我们思想自己带着"上帝的形象"时，至少有三种方式来思考我们的身份、角色和在更宏大计划中的位置。

首先，对于人类起源的这个宣告提醒我们，

我们要向上帝负责。在古代近东有种习俗，统治者要让自己的像遍布全国——尼布甲尼撒的金像就是这一习俗的反映（但 3：1－7）。这些像不断提示国家统治者的权柄。受统治的人在他权柄之下，要对他负责。理解我们受造具有"上帝的形象"一种可行方式就是，这个概念提醒我们，我们要**对上帝负责**。

拿撒勒人耶稣事工中的一个事件，对这个观点有所暗示（路 20：22－25）。当时有人挑衅提问，犹太人是否应该向罗马当局纳税。耶稣对此的回应是让人拿出一个银钱给他看——银钱是罗马帝国通用的硬币，上面印着皇帝的像。他让人们告诉他硬币上印的"这像和这号是谁的"。那些站在周围的人就回答说是凯撒的。然后耶稣回答，我们要把凯撒的物归给凯撒，上帝的物归给上帝。可能有人认为这是在回避问题，其实不然。这是一种绝佳方式，引导我们思考自己具有谁的形象。如果我们拥有上帝的形象，我们是否把自己献给上帝了呢？

第二种理解"上帝的形象"的方式就是，这指出了上帝与人类理智之间的某种共鸣。因为我们具有上帝的形象，我们就能够觉察出上帝的手在受造秩序中所做的工——我们的思想被赋予了更深刻的内容。世界结构与人类理性之间的一致性大得惊人——这又是为什么呢？比如说，为什么数学可以如此完美地描述世界？毕竟，数学等式是人类大脑自由创造的产物。或许，我们的思考方式经上帝塑造，以便我们察觉出他的手在受造秩序中所做的工？这个观点在保罗给罗马信徒的书信开篇有所体现，保罗认为每个人都对上帝的存在有某种基本直觉。好像我们有种回家的本能，这种本能帮助我们在受造界中认出上帝的临在。

第三种理解具有"上帝的形象"的方式为，人类具有与上帝建立关系的潜能。上帝把人类创造出来是有具体目标的——爱上帝，又为上帝所爱。这种深刻见解体现在奥古斯丁著名的祷告文中："你创造我们是为了你自己，我们的心若不安息在你的怀中，便不得安宁。"[8]人类只有与上帝建立起关系，才能实现真正的身份、目标与意义。

近些年，"人文主义"（humanism）这个词已经被那些致力于推广基于相当教条的反宗教或无神论世界观之上的"世俗人文主义"所劫持。而

"人文主义"真正的意思——使人类发挥出自身全部的潜能——与此相去甚远。"**基督教人文主义**"这种说法并不是自相矛盾的，这是一种关于生命的哲学，主张人类若要实现真正的自我，必须与上帝连接。我常受邀与世俗人文主义者辩论关于"上帝的问题"，我发现，当我告诉他们我自己也是人文主义者时，他们感到非常困惑。当然，我坚守的是在文艺复兴时期启发过诸如伊拉斯谟（Erasmus of Rotterdam）或托马斯·莫尔（Thomas More）等思想家的人文主义传统。那些思想家意识到，认识上帝、爱上帝，人类的生命就会被赋予新的尊严与意义。

尽管到目前为止，我们仅仅勾勒出基督教对人性理解的浅层含义（我们将在这套丛书的第四册《永活上帝的灵》［*Spirit of the Living God*］中进一步思考罪与人类自由的问题，并强调二者与恩典的关系），但我们已经可以体会到**正确**理解人性对基督徒的人生而言有多么重要。正确的理解为我们提供了一幅人生地图，其上有三个主要参照点。

首先是我们与上帝的关系。这组关系需要祷告和敬拜来维持，尤其在忙碌的日子或压力下更需要捍卫。我们特别容易让其他事物代替上帝——即便只是暂时的。第二是我们与其他人的关系。我们要学会将其他人看作具有上帝形象的人，因而要尊重他人。基督教对人权和政治自由等很多问题的看法都基于这一观念，比如美利坚合众国的《独立宣言》（Declaration of Independence，1776）从根本上扎根于创造的教义。

我们认为下述真理是不言而喻的：人人受造而平等，造物主赋予他们若干不可让渡的权利，其中包括生存权、自由权和追求幸福的权利。

第三，我们对受造界的其他成员负有责任。基督教承认，我们作为人类，是创造秩序中的一部分。这并不是说我们与自然界的其他部分（比如水坑、小草或麻雀）位于同一等级，因为人类在创造界中并非与其他受造物**无异**。相反，上帝叫我们比他微小一点，"赐……荣耀尊贵为冠冕"（诗8：5）。圣经通过不同意象多次表达的观念是，人类被赋予管理自然界的责任，照管上帝所造的世界，乃是任何基督教环保伦理的固有内容。

创造仍在进行： 上帝对世界持续的干预

和许多人一样，我也喜欢米开朗基罗（Michelangelo，1475－1564）创作大卫雕塑的著名故事。15世纪末，佛罗伦萨雕塑家阿戈斯蒂诺·迪·杜乔（Agostino di Duccio）开始雕刻一块巨大的大理石材料，希望完成一尊令人惊叹的作品。然而好像一切都弄错了，经过几番努力后，他放弃了这块大理石，认为它一文不值。因为这块石头外形被损毁，放置了四十年之久无人问津。后来，米开朗基罗认定他可以用这块废弃的石头做出宏伟的塑像，于是就开始工作。最后的成品被公认为史上最杰出的艺术成就之一。那个想法存在于米开朗基罗的意念中；他的天才就在于将那个想法转化到真实世界中来。他创造的作品表达了他的艺术设想。

提到"创造"，就意味着使创造者意念中出现的东西转化为现实存在。这无疑是基督教对创造所做的部分理解。上帝使宇宙形成；我们周围的世界源自上帝；上帝的智慧彰显在世界中。

我们中绝大多数人都将创造视为一个动作。前一刻某个东西还不存在，突然间它就出现了。

1988 年，我曾在巴黎最好的图书馆之一——国家图书馆，研究中世纪晚期的一份手稿。忙碌了一个上午之后，我出去散步，清醒一下头脑，来到了横跨塞纳河的一座桥。河边有艺术家摊位，在那里可以买到巴黎风景的素描或水彩画。有些艺术家在画那些坐在帆布椅子上小憩的人。我亲眼看到一张白纸上呈现出一位老者的画像，令人惊叹——前一刻纸上还一片空白，然后一幅画出现了。

有些人发现，把上帝看作艺术家或匠人对他们很有帮助，这不足为奇。我们通过研究威廉·佩利（William Paley, 1743 - 1805）提出的一个著名意象来考察这一点。19 世纪最初几年，工业革命在英国发展起来，佩利就把上帝比作钟表匠，而这个世界就是由上帝创造的时钟。[9]佩利十分高兴地描述了这台绝妙机器中的各个组件，比如弹簧和齿轮，并且指出，在类比的意义上，这台机器复杂的运作方式，可以帮助我们理解上帝是如何精心设计并建造了这个世界。

佩利认为，上帝已经将世界完整的样式创造出来了。就如建造一座钟，因为造得非常精致，以至于这座钟在完工后无需任何后续操作也会一直走，同理，上帝创造世界之后，就退到一旁让其自行运转。也就是说，上帝离开了受造界。

但是，这与圣经的观点不符——上帝一直临在于他非常看重的这个世界。基督教传统一直坚持认为，上帝创造世界是出于爱。既然如此，把世界造好之后，上帝为什么就不再去爱了呢？上帝对创造界的爱不正体现在他对这个世界持续的照料和干预，并热切致力于这个世界的益处中吗？

我们之前注意到，圣经会使用父母的意象来描述上帝。让我们首先同意这一点，即父母有责任把孩子带到这个世界。但他们的责任不是到此为止。他们必须把孩子抚养长大，还要陪在孩子身边，鼓励、支持他们。父母必须努力为孩子提供一种环境，让孩子在其中学习处理生活中的问题，学会照料自己。什么样的父母会在孩子出生后立刻把他们抛弃，让他们独自面对生活呢？

圣经常以丰富、感人至深的方式阐述上帝对受造界的爱。下面这段伟大的经文就以令人心痛的方式，道出了上帝对以色列民族的爱：

> 以色列年幼的时候我爱他，
> 就从埃及召出我的儿子来。
> 先知越发招呼他们，

他们越发走开，

向诸巴力献祭，

给雕刻的偶像烧香。

我原教导以法莲行走，

用膀臂抱着他们，

他们却不知道是我医治他们。

我用慈绳爱索牵引他们，

我待他们如人放松牛的两腮夹板，

把粮食放在他们面前。

（何 11：1-4）

　　然而，尽管上帝的爱长存，以色列还是选择了偏行己路。上帝并没有创造一个奴隶民族，让他们唯命是从。相反，他所创造的民族如果愿意的话，可以背弃他们的创造者。我们之后会在这个系列的书中看到，基督教关于救赎的教义，讲述了上帝如何主动召回、重新指引这个悖逆堕落的世界。

　　佩利所说的钟表匠上帝与何西阿如此生动描绘的上帝没有任何关系。佩利的上帝歇工回家了。一些较为尖锐的批评者甚至指出，佩利将上帝理解为天体工程师的观念与日常生活毫不相关，即便上帝退休了或是死了，也不会有任何影响。基督教主流看法认为上帝与此是有些不同的。上帝委身于受造界，用他对这个世界的扶持表达爱与关怀。上帝可不是缺席的父亲——忙得完全无暇照料他本该爱的人！

因此，上帝如父母般的爱在基督教创造教义中扮演着重要角色。它清楚说明创造并不仅仅是一个已经完成的过去事件，而是一个正在进行的过程，每一个事物都在慈爱造物主的监督下发展壮大。正如父母为孩子提供支持与关爱，上帝也同样维持着这个世界。

有人可能会说，上帝对我们的关怀一般不被纳入创造的过程里面。这么说也有道理。或许我们应该把"创造"一词常见的含义和其更丰富的神学意义区别开来。事实上，当我们提到上帝对世界的创造时，我们所触及的主题和见解是与日常用语不大相同的。下面这个类比或许能更清楚地说明这一点。

我一想到1960年的那一周就满心喜悦，当时我们学校突然兴起一阵折纸飞机的热潮。我们折了一个又一个，竭尽全力创造出最棒的模型。每天都有几十个孩子把自己的飞机扔向空中，看谁的飞机飞得最远或在空中停留的时间最长。不知怎么回事，我的飞机总是最先"坠机"，但我依然乐此不疲。最终校方命令我们停止胡闹，因为这个游戏制造了严重的垃圾问题；我们中间有几个孩子发现，昂贵的美术纸是折飞机的首选！不管怎么说，那阵热潮持续的几天里，我和朋友们都兴奋极了。

我们再来看看我回忆这段快乐日子时所用的一句话：**竭尽全力"创造"出最棒的模型**。我们所做的不过是拿张纸，折一折——即"创造"一词最表层的释义，重新安排或改造已经存在的东西。的确，有些希腊哲学家——比如柏拉图——就认为创造的真正意义是上帝对已存在的材料进行改造，但基督教对这个词的阐释要复杂得多。在基督教对"创造"的全部释义中，有两个要点。第一，创造是使世界成为真实存在。上帝不仅仅是对偶然存在的混乱材料进行排序和整理，相反，上帝提供建造宇宙的"方砖"，然后将它们聚集在一起，从而构成由"自然法则"制约的有规律、有秩序的宇宙。

第二，创造是一个引导、扶持和维护的过程。在这个过程中，上帝持续地与这个世界同在，并存在于这个世界之中。也就无怪乎许多神学家关于"护理"与创造教义之间最紧密的联系展开辩论，因为二者就是复杂地交织在一起的。

我们如何来想象这第二个要点呢？奥古斯丁在5世纪最初几年想出了最好的办法之一。在对《创世记》的一段评论中，奥古斯丁建议我们可以设想上帝用许多休眠种子（dormant seeds）创造了世界。随着时间推移，上帝使种子发芽，这样，受造的秩序也就不断发展为与最初形式不尽相同的样子。世界受造本该如此。

我有些朋友对园艺非常着迷。他们告诉我，开辟一片园子就是开启一个过程。首先你要划分出路径、篱笆、草地、石头和植物的位置。然后一切安置妥当，植物开始生长，你就开始看出园子当初被设计要成为的样子。设计者的愿景要相当一段时间之后才能实现！

奥古斯丁的观点是，上帝创造的宇宙有潜力随时间不断发展，那么更加丰富、更加复杂的生命形式就可能出现。为了确保我们理解正确，奥古斯丁清楚说明，这些更复杂的生命形式不是偶然出现的。上帝在创造界植入的"种子"就是上帝意志的表达。上帝一直留意受造秩序的变化，

指引其朝着上帝设定的目标发展。我们可以说，
奥古斯丁认为创造有两个阶段："大爆炸"——全
新的事物开始存在，然后是随时间推移的发展过
程。受造界由上帝的意志而来，既是一个最初的
事件，也是一个持续的过程。在这个过程中，上
帝透过对受造秩序的引领与维持不断体现出自己
的良善与爱意。

创造与科学

基督教认为，宇宙是上帝创造的真实存在，
与上帝截然不同，但不时显现出上帝之手做工的
痕迹。这里有明显的属灵功课：研究上帝的创造，
就是在可见世界里瞥见不可见之上帝的美善与智
慧。欧洲文艺复兴时期，基督教的创造教义开始
发展出尤为重要的一点：上帝创造了一个有秩序的
宇宙，这点从数学角度可以描述为"自然法则"。

既然上帝是自然的创造者和维持者，那么自
然界的过程本身可以看作上帝意志的体现。看一
看 13 世纪重要的基督教神学家托马斯·阿奎那
（Thomas Aquinas）的作品，我们就会发现，阿奎
那宣告说，上帝是万物的缘由，他创造的世界具

有其自身的次序和过程。阿奎那认为，虽然上帝完全有能力直接做某些事情，但上帝通常选择使用被造的秩序来实现因果效力。上帝创造的世界受法则和第二因（secondary causes）所形成之框架统管，所以人类就有机会研究世界的规律性。

这一观念在西欧的科技革命中发挥了主导作用。伟大的天文学家开普勒（Johannes Kepler，1571‒1630）注意到，"自然法则"似乎反映了基本几何原理。他说，既然几何来自上帝的心智，那么受造秩序中反映出下面的观念也就是必然的了：

> 既然几何在创世之时甚至创世之先就已在上帝的心智之中……几何为上帝提供了世界受造的基本样式，又带着"上帝的形象"转给人类。[10]

很多历史学家认为，基督教的创造教义为自然科学的出现提供了极其重要的背景。这一点很难证明，因为我们不能重演历史以进行确认，但这么说是很有道理的。首先，基督教为自然研究提供了宗教方面的动力——思考上帝所做之工会使我们更加敬仰上帝。基督教也强调自然界的规律性，即自然界并非杂乱无章，相反，上帝在其中赋予了秩序。

因此基督教与科学之间不存在不和。实际上，科学成就可以视作对基督教全景的间接印证。但是，如果科学开始作为另一种宗教出现，或宣扬其已经证明上帝存在是错误的，那么我们就完全有理由批评科学。科学从来没有做到这一点，人的知识才能无论如何都不足以做到这一点。无怪乎许多科学家都表示担忧——好战的无神论者绑架科学向宗教宣战，这给科学带来了臭名。

自然科学时不时会引发一些关于生命意义的重要问题，然而这些问题不是用科学方法就可以解答的。很重要的一点是，我们要理解世界上有不同的"意义层次"：科学回答一个层面的问题，基督教回答另一个层面的问题——我们若要全面理解自己在宇宙中的目的和位置，就需要将这两个层面的回答结合起来。

这个概念非常值得研究，我们对某个事物可以提供不同层面的解释。想象你走在乡间小路上，看见前面有两个人。他们停了下来。一个人抬起手臂，指向远方。发生什么了呢？从生理层面来说，那个人的大脑通过神经系统发射信号，致使该人某些肌肉收缩，手臂移动。这是景象的一部分，而非全景——这并没有告诉我们那个人**为什么**抬起手臂指向远方，这种解释将机制与意义混淆了。

实际上，那个人看见了空中的一只鹰，想要指给他的同伴看。这是另外一个层面的解释——这与第一个层面并不矛盾，而是补充，将所发生的事情描述得更完整。在现实生活中，我们理解事物时需要很多层面的解释。科学提供一种解释，但还有其他解释帮助我们更全面地理解。

想象你在听一首最喜欢的歌。你可以对自己所听到的做出详细的科学解释，比如音频振动的模式等等，但这无法解释你自己为什么那么喜欢这首歌，或为什么这首歌总使你情绪高昂。与此类似，一幅杰出的画作绝不仅仅在于对其化学成分的分析或各个元素的位置安排。音乐与绘画都需要我们融入更多层面的解释，这样我们才能理解作品真正的含义。

现在你已经习惯这种思考方式了，我们就问个简单的问题：我们为什么存在？在科学层面，我们可以对导致生命出现的过程与因素做出比较详尽的叙述。这就回答了"怎么样"的问题，但还有更深的一层——"为什么"。绝大多数科学家都称科学无法回答那个更深层面的问题——他们说得对。科学可以告诉我们，我们是怎样来到这个世界上的，但无法解释为什么来到这个世界。

基督教信仰为科学做了补充。信仰为科学无法到达的层面提供了解释。科学家告诉我们，现代科学认为宇宙起源于一次大爆炸。基督教信仰与这种说法一致，并为此添加了其他信息——也就是说，这种解释与基督教的创造教义吻合，并且我们可以讲述宇宙拥有的意义与目的。

我们在本章中强调了基督教如何为事物提供意义，尤其是受造秩序之内的事物。接下来，我们要看基督教对上帝的理解中令很多信徒难以接受的一个方面：三位一体教义。为什么要用这么复杂又看似没有意义的观念来妨碍这简单的信仰呢？

下一章中，我们将着手发现答案。

第5章
三位一体： 奥秘还是混乱？

　　我还是无神论者的时候，曾认为有宗教信仰的人都是受到蒙骗、缺乏理性的人，这些人什么荒唐话都会相信。如果那时要我挑出基督教信仰最荒诞的一面，我就会指出三位一体教义。上帝怎么可能既是三又是一？完全是一派胡言，这跟沃德豪斯（P. G. Wodehouse）最杰出的文学创作中那个没脑子的玛德琳·巴塞特（Madeline Bassett）一样——她坚决提倡的信念包括"星星是上帝的雏菊项链"或"每当一个小精灵擤小鼻子，就会有一个婴儿出生"。

　　当我作为一个学生开始了解基督教时，我开启了对这一信仰的探索之旅。那个过程令人兴奋、满足，我发现自己很快就理解了基督教许多基本

观念。然而三位一体教义却仍显得不可理喻。我
向一些本地神职人员请教。也许我运气不佳或不
够明智，总之我很快发现，他们所理解的并不比
我更多。

我意识到自己大体上面临两种选择，且恐怕
第一种显得更理智——根据我从几位按立牧师得
到的令人困惑、互不一致（但无疑用心良好）的
回应——这个教义真的完全讲不通，我最终将发
现真实情况就是这个样子。然而我知道，以往最
重要的基督徒思想家——那些我逐渐开始尊敬的
思想家，一直以来都非常认真地看待三位一体。
或许，随着我了解得越来越多，一切将变得清晰
明朗。

于是，带着对第一种选择的恐惧和对第二种
选择的盼望，我从 1976 年开始正式学习神学时就
不断思考三位一体的问题。1978 年我从牛津转入
剑桥深造时已经确信，三位一体的确是有道理的。
在探索信仰全景里的这一方面时，我曾担心自己
会迷失在暗无生气的旷野。然而事实上，我进入
了一座绿意盎然、令人喜悦的花园。在这一章中，
我将会分享一些深刻见解，它们引导我接受并承
认那些一度令我惊恐不安的东西。

我们首先来看对于正确理解这个问题至关重要的一点。

为什么我们不能将上帝化约为简单的公式

我大概十岁左右开始热爱科学，如饥似渴地阅读各种科学著作；我现在意识到，有些著作对于当时的我来说实在太高深了。我十三岁时鼓起勇气向老师请教爱因斯坦的相对论。他借给我一本书，一周后我们见面，就那本书聊了半个小时。我至今还记得老师在谈话结束时对我说："你还不适合研究这个主题。要理解这个理论，你的大脑需要进一步发育。我们可以五年后再谈。"有人可能会认为我的老师在摆架子，但我觉得他说得有智慧、令人鼓舞，最重要的是切合实际。

我没有再找那位老师谈，部分原因在于，大约两年后我自己理解了相对论。但那位老师说得对：要理解爱因斯坦，我的思想需要先扩展。难怪一些古希腊哲学家将教育称为 *psychagogia*——一种"灵魂的扩展"。我十三岁时的问题在于，我尝试将真实简化为自己能理解的内容。然而现实要比我所理解的更复杂！

当我们面对一个宏大得难以理解的概念时，我们的本能反应就是把概念缩小以便于操作——我们略去复杂的部分，或者进行简化，假装它本来没有那么复杂。这么做并没有错，只要我们相信这种对真实进行缩减的版本，与原来的样子在本质上并无差别。然而，没有差别是不可能的。我们在简化的过程中略去了复杂的部分，或是将复杂的事物硬塞进简单的框架中，凡塞不进去的就扔掉。简化往往是"减"化——有时也包含扭曲失真。

与此相似，我们不能把上帝硬塞进简单划一的口号里。一个关于上帝的理论绝对无法提获上帝的荣美或奇妙。《狮子、女巫和魔衣橱》（*The Lion, the Witch and the Wardrobe*）中海狸先生对阿斯兰的评价，可以更有力地描述上帝："他是野生的，你知道的。他可不是被驯化的狮子。"我们无法驯化上帝，上帝完全抗拒我们为了将真实简化到我们自身的水平而做的努力。保罗宣告上帝的平安"出人意外"（腓4：7），他并不是说这种平安是不理性的。相反，他是在承认，人类的意识根本无法理解上帝的爱与恩典多么广大。我们对此无法做出恰如其分的理解，也无法用言语完全述说。

就我们用过于简单的方式理解上帝时显出的局限，奥古斯丁的一段话是最为出色的描述之一。他说，如果你觉得用头脑就可以完全把握某样东西，那么这种东西肯定不是上帝，而是你误当作上帝的事物。任何一个我们可以完整、完全理解的事物都**不可能**是上帝，正因为那个事物是如此贫乏有限。不应尝试将上帝缩减到我们自己的水平，相反，我们应该努力扩展自己的思想，在最大程度上理解上帝——而这样做会带来思想上的不适。避免这种不适的唯一方法，正如我们所见，就是把上帝缩减到我们的水平。但如果那样，我们思索的就不再是上帝，而是我们按照自己的形象创造出来的假神——一个用于私利的人类发明。这个发明或许与上帝有微不足道的相似之处，但远远不及那位创造世界、救赎世界的上帝所拥有的荣耀与威严。

奥古斯丁还讲了一个故事，清楚表达了这一观点。奥古斯丁是北非罗马沿海城镇希波雷吉乌斯（Hippo Regius）的主教。他在撰写重要著作《论三位一体》（*On the Trinity*）的时候，有一天决定休息一下，到附近美丽的海滩散散步。他在海边遇到一个行为很古怪的小男孩儿。那个男孩儿走到海边，装满一桶海水，然后回来将海水倒进他在沙滩上挖的一个洞里，他就这样不断重复这个动作。

奥古斯丁观察了一段时间，大惑不解。那个小男孩儿究竟在干嘛？最终他决定问一问。男孩儿手指地中海说："我要把海水清空，都倒进这个沙洞里。"奥古斯丁大概是笑了，是那种为少年人奇怪而天真的消遣方式而感到无奈的笑容。"你做不到啊！你永远也不可能把海洋装进你挖的小洞里。"据说那个男孩儿回答道："你写一本关于上帝的书，也是在浪费时间。因为你永远也不能把上帝塞进一本书里！"

当然有些质疑这个故事历史真实性的问题很难作答，但无论故事真实与否，都说明了我们试图与上帝摔跤时最需要谨记的一点。我们的思想终归无法扩展到容纳上帝的程度——上帝完全超出我们头脑所能理解的，就像我们若傻傻地盯着正午的太阳就会感到目眩一样。

我们已经习惯了自己对事物理解的局限性。很多年前，我读了意大利杰出天文学家伽利略（Galileo Galilei，1564－1642）的传记。最令我激动的内容是他如何发现了木星的四颗卫星。这些卫星肉眼是看不见的，但借助望远镜，伽利略大大扩展了他的视野。1609 - 1610 年间，他成功观察到木卫一（Io）、木卫二（Europa）、木卫三（Ganymede）和木卫四（Callisto），并跟踪了这几颗卫星环绕遥远行星运行的轨道。

现在我们假设从来没有发明过望远镜。那么，在没有任何帮助的情况下，受肉眼所见的限制，对我们而言，现代天文学所发现的宇宙广袤景象将依然是未知的。那广袤的宇宙一直存在，只是我们无法感知到——我们需要帮助，扩展自然视野所达之处，才能明白我们所居住的这个宇宙惊人的复杂性。木星的卫星并不是因为终于被人看见而突然之间开始存在的，这些卫星一直存在。问题在于，它们所在之处超过了人类视野所及的范围。

就如物质宇宙在很大程度上超越我们肉眼所见的范围，上帝同样超越我们思想所能理解的范畴。我们真正感知到的是真实可靠的，只不过，用属灵术语讲，我们的眼界是有限的，"我们如今仿佛对着镜子观看，模糊不清"（林前 13：12）。我们的眼睛需要被打开，我们的视力需要得到医治，才能清楚地看到上帝。

三位一体教义是基督徒拒绝将上帝简化到我们可以理解的水平，坚持原则性立场的结果。三位一体旨在讲述关于上帝的真理，无论我们觉得这个真理多么难以理解。我们以为自己在帮上帝的忙，实际上我们只是将自己当做"万物的尺度"（借用一位前苏格拉底哲学家普罗泰哥拉［Protagoras］的说法）。我们尝试将上帝简化为我们可以理解的内容，上帝却想要扩展我们的思想。

基督教的救赎故事： 如实描绘上帝

基督教会一直以来都明白，正确认识上帝比什么都重要。三位一体教义旨在将圣经中对上帝属性和作为一切丰富、复杂的见证要素都融入基督教的救赎故事之中。我们会专注于三个互相交织的主题：首先，使这个世界存在的至高上帝；第二，道成肉身的上帝，在耶稣里、通过耶稣救赎了世界；第三，在历史和现实经验中临在的上帝，我们通过圣灵与他相遇。**我们要领会的基本见解就是，整个故事都围绕着同一位上帝展开。**

上帝并不像美国西部拓荒前的治安官员，负

责代表农场所有权者执法。上帝也不会将创造或救赎的宝贵工作托付给下属或代理人。不会的，因为每件需要做的事情都由同一位上帝做成了。思想上帝所做的工，会帮助我们理解并更加欣赏这位上帝——这些思想乃是在"三位一体"概念中总结（尽管没有解释！）的深刻见解。

我们怎样才能最好地表达出上帝丰富、奇妙的形象，而且这种表达方式又能与今天的文化联系起来？有些人发现传统公式"圣父、圣子、圣灵"太男性化了。当然我们要记得，上帝是超越性别的——上帝创造了男性和女性，但他自己并非男性，也非女性。我们受限于区分性别的语言，所以在谈论上帝的位格时就遇到麻烦，而且我们很容易假定，在任何情况下一个可以建立关系的"位格"不是"他"就是"她"。这种假定对人而言没有错，但并不意味着也适用于上帝。三位一体教义提醒我们，上帝站在语言局限之外。与我们建立联系的上帝，既非"他"也非"她"；虽然我们的语言难于处理这种思考方式，但还是要找出一种方法来应对。

为了避开这个问题，有些人尝试将三位一体描述为创造者、救赎者和护理者。这或许绕开了性别问题，[1]但却衍生出另一个令人担忧的问题：这是采用功能主义的方法分析上帝，却忽视了更为重要的关系主题。这简直是对上帝做官僚主义式的"职责描述"，但基督教对上帝的理解中包含的许多重要主题——爱、怜悯、信实——要通过爱与信任的关系才能表达出来。

那么，"三位格一本体"（three persons but one substance）这种标准的描述方式是怎样的呢？传统上这种说法被用来一方面保护我们经验上帝的丰富性，另一方面捍卫只有一位上帝这一确定的事实。只有一位神圣的实在（"本体"），但上帝的丰富是通过三个位格表现出来的。我们可以分别研究三个位格，但这样做最终会让我们更深刻地欣赏独一的上帝。早在5世纪，圣奥古斯丁就曾指出，用三位一体这个词来描述这个主题似乎并不合适。他认为，我们需要讲到"位格"和"本体"，因为事实就是这样，然而这两个措词并不理想。

我自己年轻的时候跟许多人一样，感到三位一体教义最大的困扰在于逻辑上明显不通。我们如何描述具有三个位格的独一上帝呢？我们来改编一下上面刚刚提到的基督教叙述，将救恩的广传想象为一部宏大的戏剧。戏剧里有三个角色：第一个角色是创造世界；第二个是通过耶稣基督救赎世界；第三个是通过圣灵，上帝与信徒和教会同在。我们往往会很自然地认为每个角色——创造者、救赎者、护理者——是由不同演员或替身扮演的。但是，三位一体教义宣告，上帝并没有简化为任何一个角色，相反同一位上帝扮演着三个角色。

如果我们把情况简化得更容易理解，又会怎么样呢？假设上帝只是创造者——这是古希腊哲学关于上帝的传统观念：上帝创造了世界，造好了宇宙这座时钟，然后就任其自生自灭。这种看法很简单——只是因为它完全忽略了上帝在历史中丰富而复杂的同在与作为。

那可是个大问题：这种对上帝过于简单的理解，忽略了基督教对上帝的认识中大量不可或缺的内容，一部辉煌的大剧作被缩短为一场独幕剧。那么救赎在哪里呢？上帝在我们生命中持续的同在又表现在哪里呢？我们没有讲述故事的全部，实际上我们最终看到的是对上帝贫乏、扭曲的理解，这与我们在圣经、《使徒信经》和教会生活中认识的上帝没有多大关系。

这种看法认为，上帝是一位遥远的创造者，从来没有直接干预过我们这个世界的事务——上帝在稳妥的天堂行使主权，远远避开我们所面对的问题和危险，很像一位将军在安全的防弹地堡里指挥前线部队。而基督徒**知道**上帝不是那样的——上帝成为拿撒勒人耶稣，进入世界："道成了肉身，住在我们中间……我们也见过他的荣光。"（约1：14）

我对基督教神学的发展过程有专业上的兴趣。观察历代以来基督徒在描绘上帝方面所做的努力，我能看到两种渴望之间的张力。一种是按实际情况描绘上帝；另一种是用简单易懂的方式描绘上帝。这两种做法我都能理解，但既然人类的思想难以——最终无法——理解上帝的威严与荣美，那么我们前方实际只有一条路。我们需要做的不是将上帝限制在理性可以明白的范围之内，相反，要扩展我们的思想，努力理解上帝——而这常常是在祷告和敬拜过程中，而非通过理性思考得着的。

当然我们希望事情简单化——谁不愿意呢——但是简化容易导致删减，而删减导致扭曲，这就不能接受了。好的神学其功用就在于如实描述上帝，并且感受到我们软弱无力的思想在尝试把握神圣实在的过程中遇到的痛苦。我们之所以会对三位一体有所疑虑，主要是因为这一现实无法在我们习惯的想法中被轻松归类——我们不得不承认，三位一体自成一类。

早期教会的神学家为了阐述符合基督教信仰关于上帝的教义，审慎思考了所有知识上的选择。他们希望教义简单明了，而且能如实描绘上帝，值得信赖。简言之，他们意识到，如果圣子和圣灵不是与圣父同等意义上的上帝，我们就无法得救，也无法真正、完全地认识上帝。在某种程度上，三位一体教义并没有解决任何问题，但它的确会防止我们误解——严重误解——基督教对上帝的认识。这就是为何瑞士著名神学家埃米尔·布龙纳（Emil Brunner，1889－1966）正确提出，三位一体是"保障性教义"（security doctrine），旨在维护上帝的荣耀与威严，防止其被我们好心地缩减为更易于自己掌握的东西。

在这里做个区分会对我们有所帮助。**谜题**（puzzle）与**奥秘**（mystery）的区别是什么？路易斯在牛津大学的同事奥斯汀·法勒（Austin Farrer，1904－1968）曾多次提到这种区别——他的妻子是位著名的犯罪小说家，所以这对于他来说是再自然不过了。[2] 法勒意识到，绝大多数侦探小说在真正意义上都是谜题而非奥秘——一旦你掌握了足够信息，什么都不能阻挡你将谜题解开，做出精彩巧妙的解答。假若你恰当地将线索联系起来，那么一部优秀的侦探小说会通过冷静的逻辑让你弄清罪犯的身份。所以，谜题就是一个在信息充足的情况下可以解开的问题。

然而，法勒说，并不是每个问题都是谜题。有些问题就是超越人类思想所能理解的奥秘。是什么拦阻我们正确理解奥秘呢？为什么我们解答不了呢？法勒坚持认为，原因不在于信息缺乏，而是我们的思想太有限，无法理解这些奥秘，这才更为重要。没有灵巧简单的解决办法——我们稍微瞥见可行的办法，但这些办法好像总在我们能力所及范围之外。谜题引出逻辑上的回答；奥秘却常常迫使我们，在努力描述一个无法做适当理解的宏大现实时，将语言所能表达的推到极限。

我们很容易理解这个区分如何帮助我们思考三位一体。三位一体不是谜题，而是奥秘——不是我们用冷静的逻辑可以分析研究的。如先知以赛亚在耶路撒冷圣殿的异象（赛 6：1-8）中所发现的，直面上帝的经验震慑人心，我们无法描述或刻画其中全部的荣耀与威严。法勒让我们明白，我们的理解能力是有限的。一个事物如果无法理解，并不意味着它一定是不合理的，也许只是因为它位于我们认知能力的远端，我们无法理解或完全明白。三位一体教义就是如此。伟大的上帝带来深奥的教义。

深入现实： 三位一体与"表层信仰"

有些读者看到这里会提出反驳。他们的信心很单纯；他们也喜欢这样的信心。他们信靠上帝，坚定地相信他们因着基督已经得赎，那么他们为什么需要相信三位一体这样复杂的东西呢？有单纯的信心还不够吗？有些人认为，三位一体不过是在对上帝简单描述基础上所附加的小字号脚注，使事情变得复杂、令人费解。这些考虑都合乎情理，值得我们做出审慎的回答。

不，你不**需要**相信三位一体；但你开始反思信仰的时候就会发现——或许你未曾意识到——你**实际**上已经相信三位一体了。这或许不是你明确承认的，但却是包含在你已经相信的内容之中的。我们谈论对上帝的信仰时需要遵从"三位一体的"语法。我们对这点稍作展开。

假设你手里拿着一枚硬币，一松手，硬币就掉地上了。假设你在园子里种了苹果树或梨树，果实成熟之后也会掉下来。这些是非常简单、常见的现象，没什么困难。然而更大的图景是什么呢？为什么东西会掉落地上呢？

艾萨克·牛顿是17世纪科学革命中的一位天才，他意识到这些日常现象表明存在某种更深刻的东西——一种他称为"地球引力"的物理量。他成功证实，使苹果落在地上的普遍原则，同样适用于解释为什么行星会围绕太阳运行。大家都知道苹果会从树上掉下来——牛顿所做的，就是揭示出这一现象反映的更大图景。

我们深入研究圣经对上帝的描述和我们的经历时，就会发现，三位一体就是更大的图景。基督徒会祷告、敬拜；他们谈论基督的救赎；他们述说圣灵的引领。这些信仰内容所包含的关于上帝的概念又是什么呢？如果这些简单的信仰宣告是正确可靠的，那么我们可以得出关于上帝的什么定论呢？

我们来看基督教信仰中不可或缺的两点基础

性宣言：

　　1. 耶稣基督是我们的救主。

　　2. 耶稣基督显明上帝。

　　我们对这两点宣告再熟悉不过，甚至不会对此做太多思考。但是，这些看似简单的宣告以什么为前提呢？毕竟，我们明确承认这两点的时候，就间接承认了这两点背后的内容。

　　我们可以把基督教信仰想象为一座冰山。可见的部分包含了信仰中我们非常熟悉的诸多方面，比如祷告和敬拜。然而泰坦尼克号邮轮 1912 年首航的命运提醒我们，冰山绝大部分是看不见的——十分之九在水面以下，支撑维系着可见的一小部分。

　　我们换个比方：想象你前面有一片湖泊——可能是在乡间小路旁或观赏园中——湖里长着睡莲。或者回想一下莫奈（Claude Monet，1840 - 1926）所画的睡莲，这些画作取材于他在吉维尼（Giverny）的花园。睡莲舒展的叶子和优雅的花朵好似漂浮在水面上，幻化出宁静和谐的气氛。然而水底下是什么呢？

　　实际上，表面的样子是靠复杂的根茎系统支撑的。睡莲的茎植入湖底的淤泥中。那些根为叶子和花提供了物理上的支撑和生物上的滋养——根就是更大图景的一部分，只是没有完全展现在欣赏精致、美丽花朵之人的眼前。

"表层信仰"就是我们能看见、能经历到的，其中包括祷告和敬拜；承认信经中的条款，宣告拿撒勒人耶稣是救主、生命之主。不过在这种信仰下面还有一种"深层信仰"——"表层信仰"暗含着一套更为深刻的信念。三位一体教义就像冰山没于水下的部分。它就在那儿，也需要在那儿，但在平日生活中你无需为它费心——你不明确谈论三位一体，照样可以活出基督徒的生命！你必须明白的是，我们信仰的语言包含一种深刻的"三位一体逻辑"。我们**宣告**"耶稣是主"的时候，就是在**暗示**上帝是三位一体的。

这有点儿像呼吸。我们靠呼吸活下去，我们呼吸顺畅，同时并不了解地球大气的化学成分或人类的呼吸过程如何实现。三位一体就是基督徒信仰和生活的氧气——一直维系着我们，即便我们并不明白三位一体的意义。不过，当我们开始深入信仰的时候，三位一体的丰富性与重要性就开始在我们眼前展开了。

G. K. 切斯特顿在关于圣方济各（Francis of

Assisi）引人入胜的研究著作中曾勉励读者，不要让信仰成为一种"理论"，而要成为一段"爱情"。³ 这点很有道理：爱不是一件我们可以操作、控制的"事情"；相反，"上帝就是爱"（约壹4：16）。他先爱了我们，我们蒙召进入与上帝的关系，去爱这位慈爱的上帝。我们越是思考一段爱情关系的活力，就越明白自己多么需要扩展对上帝的认识。你无法爱上——如果正确理解"爱"这个词——一种观念！要遇见上帝，就是在最深的层次上经历上帝。路易斯这样说道："迄今为止，你只是在抽象的智力层面认识真理。我要带你去，如尝蜂蜜般品尝真理，让真理如新郎拥抱你。你的渴求将会得到满足。"⁴

三位一体就是我们努力用言语表达出——无论这种表达多么无力、匮乏——上帝全部的奇妙。这位上帝创造我们、认识我们、爱我们，并且进入历史中寻找、遇见我们。

神学家往往用两种主要方法研究三位一体。有些人认为三位一体是基督教信仰关于上帝决定性的言语——就如拱门的顶石。在古罗马，工程师构建拱门的时候要先搭建拱形的木架支撑上面的石头。不过当最终把顶石放入拱顶的位置后，木架就可以撤去了——顶石是拱门的最后一块，一旦安放妥当，无需外力支撑就可以将整个结构连接在一起。

这就是我所持的观点。我认为三位一体教义是对信仰长期思考得出的结论，它是基督教信仰拱形结构的顶石，拼图的最后一块。你一旦理解了三位一体，就贯通了信仰全部内容。三位一体就像把信仰结构粘在一起的强力胶，或是将所有的快照连在一起的全景图像。

另外有些人认为三位一体是信仰的基础——不是顶石，而是房角石，其他所有石头以此为基础来安排布置。这块石头放对了，其他一切都自然会清晰明了。

无论你决定接受哪种观点，你都要记住的重要一点是：你无需费力思考一座楼是如何搭建的，却依然可以住在里面；我们不必为了三位一体神学的细枝末节辗转难眠，却依然可以继续过基督徒的生活！不过，了解到这座楼很稳固，建于牢固的基础之上，对我们还是有所帮助的。

尽管这些想法不容易理解，但很多读者还是会怀着盼望感觉到，他们正开始看到隧道尽头的光亮。为了进一步展开这一主题，我们将再一次看看路易斯和塞耶斯是怎么说的。

获得帮助：路易斯和塞耶斯

路易斯最初是无神论者，1930 年他信仰上帝，次年年底成为坚定的基督徒。他开始探索信仰的时候，显然对三位一体的观念进行了思考，正如他 1934 年在给美国哲学家保罗·埃尔默·摩尔（Paul Elmer More，1864－1937）的信中明显提到的。[5] 路易斯认为，三位一体教义使我们得以确认上帝的超越性，同时避免将上帝当作"静止、无回应"的。他相信"三位一体教义宏大的史实"展开了一幅画卷，让人看到永生不灭、完全的上帝"在特定时间和地点，作为一个有目的、会感知、最终被钉死的人"进入历史。用这种方式表达基督教信仰中心关于上帝的核心直觉，既合适又有益。

路易斯还为我们提供了一种方式，让我们从可视的角度观看这个抽象的教义。他首先提出，三位一体教义使基督徒的祷告生活有了意义。[6] 想象一个"单纯的平信徒"——就是不把自己当神学家的信徒——跪下来祷告。这个基督徒在经历什么呢？

或许，最明显的就是，祷告是与上帝取得联系——但如路易斯指出，基督徒知道情况不是那么简单。首先，好像有谁在帮助我们祷告；而且，好像有谁在为祷告提供渠道。

你明白发生什么了吧。上帝就是［那个基督徒］祷告的对象——他试图达到的目标。上帝也是那人里面推动他的力量——动力。上帝也是那人受推动以达到目标所经过的道路或桥梁。所以，当那个普通人在小小的卧室里祷告时，三位一体的上帝的整个三重生命其实都在同时运行。[7]

路易斯的观点就是，信徒祷告的经历与基督教信仰所提供的全景吻合。这个教义与我们的经历一致，并帮助我们进一步理解发生的事情。

路易斯还有两个观点对我们很有帮助。第一，他提醒读者，宗教理论或教义总是次于其所指的真实。三位一体教义是在努力描述对上帝的经历，脱离了那种经历，教义就不仅毫无意义，而且从来无法描述那种经历所包含的想象与情感的力量。

第二，路易斯指出，我们所见到的一切都基

于有限狭窄的人类视角。他建议我们将自己想象成"平面人物"（Flatlanders），在两维空间中试图（却最终未能！）想象三维空间的事物。

平面人物试图想象出立方体，要么想象出六个正方形重叠，那就毁掉了每个正方形的不同之处；或是想象六个正方形并排，那就毁掉了整体性。三位一体给我们的困扰与此非常相似。[8]

路易斯并没有在读者面前为三位一体教义做什么辩护，也没有为相信这一教义提供什么新的证据。相反，他提供了一种视觉框架，让我们用新的方式感知事物，意识到自己从前的困扰来自于看待事物有限的视角，这个视角也对所见的事物加以限制。

我们在上一章中开始注意塞耶斯《创造者的心》一书体现的几个主题，那本书对三位一体教义的某些方面也进行了探索。作为作者，塞耶斯感到，完成一部作品必然经历的创作活动过程分为三个不同阶段：**构思**本身、构思的**实现**和**互动**的过程。她认为，一本书最初只是作为构想存在，独立于时空之外，但在作者头脑中已经完全形成。

然后构想通过笔墨和纸张在时空中实现。然而，只有别人读到这本书，并因此与作者的思想互动、被作者的观点改变时，这次创作才算完整结束。

那么，作者的思想首先会促成写作，然后是阅读与理解故事的经历，但只有读者领会作者的想法之后，这个过程才算完成。塞耶斯将这个自然进程称为"构想之书""成文之书"与"力量之书"。塞耶斯指出上帝的自我沟通与三位一体教义之间清楚的联系——上帝是启示的源头，但启示是在具体的历史时段发生的，需要理解与解读。

可能有些人会说，塞耶斯的方法过于依赖后浪漫主义关于人类创造力的观点，这样说或许有些道理。但她提出的观点合理且重要。我们最初知道有位不断启示自己的上帝——一位有话对我们说的上帝。启示以可理解的方式、通过某种我们可见可触摸的媒介实现。对塞耶斯而言，那就是一本书；对正统的基督教而言，那就是"道成肉身"的耶稣基督。上帝选择以我们能理解的形式进入我们的世界。最终，这启示有能力得着我们，启发我们的想象，改变我们思考与生活的方式。

路易斯和塞耶斯通过各自不同的方式，帮助

我们理解了基督教信仰内在的三位一体逻辑。这对基督徒的思考和生活方式又有什么影响呢？在本章最后一部分，我们将思考三位一体给予我们的镜片如何帮助我们在更深层次上欣赏上帝。

三位一体与基督徒丰盛的生命

几年前，我受邀到威尔士北部的阿伯里斯特威斯大学（Aberystwyth University）做演讲。我从牛津出发前往，怎么走才最好呢？我发现坐火车不是个好主意，因为我至少要中转三次，而且好几个地方都有可能延误。于是我决定自驾。路途很远，我查了地图，看在哪里休息合适。最佳路线会穿越赫里福德郡（Herefordshire）的乡村，地图上在好几个村庄周边都标注了"自然风景极佳"。我决定到时候在某个村庄旁停下来喝杯茶。

启程前一天晚上，我在学校吃饭，旁边正好坐着从赫里福德郡某处来的访问学者。我提到了几个村庄，问他是否知道。他点头答道，他还是在其中一个村庄长大的。"那里挺不错的，黑白的房子，风景独特。附近有些美丽的河流。"听上去这赞美并非发自内心，但我没有理由改变路线。

那次旅行令人愉快。阳光明媚，村庄美得令人叹为观止。好几次，我沿着河流旁边的乡间小路轻快散步，小路两旁植被茂盛。一周后，我恰巧又在学校的高级公共休息室遇到那位同事。我告诉他，我觉得那些村庄比他向我描述的美妙得多。他显得有点难为情："呃，你知道，我不善言辞。而且，如果你在那个地方长大，我估计你就习惯了那里的美景，不觉得有什么稀奇了。"

我欣赏他的话，常在脑海中反复琢磨。关于言语的局限，我们已经说了很多：言语似乎无法表达我们欣喜愉悦之情，也无法按照我们期望的方式述说我们心中的忧伤绝望。不过我那位同事说的第二点真是切中要害了。如果你在一个风景优美的地方住久了，那地方就会变得平淡无奇。我在牛津工作多年，依然不理解这里为什么会吸引大量游客，不过这座城市显然有其特别之处，使得游客一落脚就由衷赞叹。

随着时间的推移，我们熟悉的一切都太容易变得乏味。上帝可能变成一把舒适的扶手椅，一本用旧的、反复翻阅的书籍或一位老朋友——我们感到再熟悉不过，所以丝毫不觉得这些有什么**特别**。我们忘记了这些对我们的重要意义。我们时不时需要提醒自己，这一切其实是多么奇妙。

三位一体教义就类似一种"叫醒服务"，让我们着手改变这种对上帝过于熟悉的状态。它是怎么做到的呢?就是让我们**重新发现**上帝。这个教义让我们思想周围的世界——群星闪耀的穹苍、宏伟的山脉、青翠的草场和绿树成荫的河流。这一切都是对上帝那位创造者的见证。**但上帝不仅仅是这样**。

接下来我们就要思想拿撒勒人耶稣——不仅仅把他当作一个杰出的人来看，更是把他当作道成肉身进入历史的上帝来看。而当我们思想拿撒勒人耶稣，尤其是他在十字架上受死的时候，我们意识到自己接触的上帝是用行动来向我们表达爱的;他背负我们的痛苦，担当我们的忧患;我们在世上挣扎着活出生命的时候，他给我们盼望。**但上帝不仅仅是这样。**

最后，我们要记得，上帝现在与我们在一起。那曾经使我们拥有生命气息的上帝可以更新我们，使我们重新得力。上帝就在我们的经历中，在我们的祷告与敬拜中。**但上帝不仅仅是这样**。

分别专注于三位一体的三个位格，这样做会使我们对同一位上帝的认识丰富起来。这就是4

世纪杰出的神学家纳西盎的格列高利（Gregory of Nazianzus）下面这段话要表达的意思："我只要开始思考'一体'，就会受到'三位'的荣光照耀；我一旦将他们区分开，就立刻被带回'一体'。"[9]

好的神学意义在于，当我们意识到自己的成见和误解在多大程度上限制了对上帝的理解之时，就会扩展（而不是扭曲！）我们对上帝的认识。三位一体教义帮助我们重新捕捉上帝在我们意念和心中充满生机的真实一面。这个教义把我们从对上帝"缩减""驯化"的错误认识中解放出来，让我们明白上帝不可能被局限于公式或理论。

那些埋怨三位一体"不合理"的人，其实是想把真实限制在理性可控的范围内。他们想要将上帝简化为我们可以应付的，或是将上帝变成我们可以控制的。但上帝是不可能被限制的。如果我们在头脑中建立的理论理性主义牢笼突然破碎，无法承载永生上帝的威严与荣光，这也没什么可惊奇的！最终，我们一定要让上帝来塑造我们的思想。我们思想的轮廓需要适应上帝，而不是反过来让上帝适应我们！

维系我们对上帝认识的最佳方式之一是敬拜。三位一体教义帮助我们了解到，我们通过基督、

靠着圣灵敬拜上帝时，上帝不仅仅是起先鼓励我
们敬拜的，他也帮助我们一瞥他本体的全貌和他
为我们所做的一切。而当我们理解上帝的威严时，
我们最终会明白，对这位荣耀、永活的存在者最
好的回应，其实就是倾心爱慕。

继续前行

本册书探讨了有关基督教之上帝的一些基本
观念，同时也开启了其他与信条有关的更深刻的
主题。在《拿撒勒人耶稣》中，我们将专注研究
在诸多方面都堪称基督教信仰核心的内容，更彻
底地探索基督徒宣告"我信我主耶稣基督"这句
话的真实意义。

注 释

第 1 章　我们谈论的是哪一位上帝？

1. 后来他将此事写进了自传，参见 Jürgen Moltmann, *A Broad Place：An Autobiography*. Minneapolis，MN：Fortress Press，2008，29–33.

2. Moltmann, *A Broad Place*，30.

3. Moltmann, *A Broad Place*，30.

4. C. S. Lewis, *Surprised by Joy*. London：HarperCollins，2002，265.

5. Lewis, *Surprised by Joy*，266.

6. Dorothy L. Sayers, *The Mind of the Maker*. London：Methuen，1941，16.

第 2 章　有位格的上帝：爱与信实

1. Mary C. Fjeldstad, *The Thoughtful Reader*. New York：Harcourt Brace College Publishers，1994，3.

2. Augustine of Hippo, *Homily on Psalm* 119.

3. Anselm of Canterbury, 'Prayer to St Paul,' in *Prayers and Meditations of St Anselm*, trans. Benedicta Ward. Harmondworth: Penguin, 1973, 153 - 154.

4. 下文请参见 Martin Buber, *I and Thou*, trans. Ronald Gregor Smith. New York: Scribner, 1958。布伯的方法常被称为"对话位格主义"(dialogical personalism)。

5. C. S. Lewis, *The Four Loves*. London: HarperCollins, 2002, 152 - 153.

6. 参见 David Keck, *Forgetting Whose We Are: Alzheimer's Disease and the Love of God*, Nashville, TN: Abingdon Press, 1996; John Swinton, *Dementia: Living in the Memories of God*. Grand Rapids, MI: Eerdmans, 2012。

第3章 全能上帝：权柄、怜悯与苦难

1. Rainer Bucher, *Hitler's Theology: A Study in Political Religion*. London: Continuum, 2011, 58 - 66.

2. Karl Barth, *Dogmatics in Outline*. London: SCM Press, 1949, 48.

3. Blaise Pascal, *Pensées*. Minneola, NY: Dover, 2003, 77.

4. G. K. Chesterton, *Orthodoxy*. Rockville, MD: Serenity, 2009, 137.

5. Chesterton, *Orthodoxy*, 138.

6. C. S. Lewis, *Mere Christianity*. London: HarperCollins, 2002, 38.

7. C. S. Lewis, *The Problem of Pain*. London: Harper-Collins, 2002, 91.

8. Lewis, *Problem of Pain*, xii.

9. 1939 年 12 月 3 日写给 Warnie Lewis 的信，选自 *The Collected Letters of C. S. Lewis*；3 vols. London: Harper-Collins, 2000－2006, vol. 2, 302。

10. C. S. Lewis, *A Grief Observed*. New York: Harper-Collins, 1994, 44.

第 4 章　创造天地的主

1. G. K. Chesterton, *Orthodoxy*. Rockville, MD: Serenity, 2009, 67.

2. Helge Kragh, *Conceptions of Cosmos: From Myths to the Accelerating Universe—A History of Cosmology*. Oxford: Oxford University Press, 2007.

3. Chesterton, *Orthodoxy*, 66.

4. C. S. Lewis, *The Four Loves*. London: HarperCollins, 2002, 26－27.

5. 拉丁文全文如下：SUBTUS CONDITOR HUIUS ECCLESIÆ ET VRBIS CONDITOR CHRISTOPHORUS WREN, QUI VIXIT ANNOS ULTRA NONAGINTA, NON SIBI SED BONO PUBLICO. LECTOR SI MONUMENTUM REQUIRIS CIRCUMSPICE. Obijt xxv Feb: An:° MDCCXXIII Æt: XCI. "这里安息着这座教堂和这座城市的创建者，享逾九旬高寿的克里斯托

弗·雷恩，他这一生为了公共利益而非自己而活。读者啊，若你正找寻纪念之物，就四围环顾。逝于 1723 年 2 月 25 日，享年九十一岁。"

6. Dorothy L. Sayers, *The Mind of the Maker*. London: Methuen, 1941, 104.

7. Sayers, *Mind of the Maker*, 106.

8. Augustine of Hippo, *Confessions*, I. 1. 1.

9. 佩利的进路，参见 Alister E. McGrath, *Darwinism and the Divine*: *Evolutionary Thought and Natural Theology*. Oxford: Wiley-Blackwell, 2001, 85－107。

10. Johann Kepler, *Gesammelte Werke*. Munich: C. H. Beck, 1937－1983, vol. 6, 233.

第 5 章 三位一体：奥秘还是混乱？

1. 值得注意的是，"创造者"（*creator*）的拉丁文实际意思是"男性创造者"（a male creator）。"女性创造者"（a female creator）用另一个拉丁词 *creatrix* 来表达。

2. Katharine Farrer（1911－1972）撰写了侦探小说《侦查员林伍德》（Inspector Ringwood）三部曲，以牛津为故事背景（1952－1957）。

3. G. K. Chesterton, *St. Francis of Assisi*. London: Hodder & Stoughton, 1923, 16.

4. C. S. Lewis, *The Great Divorce*, London: Harper-Collins, 2002, 40.

5. C. S. Lewis, *The Collected Letters of C. S. Lewis*; 3 vols. London: HarperCollins, 2000 – 2006, vol. 2, 145 – 146.

6. 接下来的内容参见 C. S. Lewis, *Mere Christianity*. London: HarperCollins, 2002, 163。

7. Lewis, *Mere Christianity*, 163.

8. 'The Poison of Subjectivism,' in C. S. Lewis, *Essay Collection*. London: HarperCollins, 2001, 664. 路易斯在 *Mere Christianity* 一书（第 162 页）也用了这个意象。

9. Gregory of Nazianzus, *Theological Orations*, 41.

图书在版编目(CIP)数据

永在至圣者/(英)阿利斯特·麦格拉思(Alister E. McGrath)
著;张君译. —5版. —上海:上海三联书店,2019. 2
ISBN 978 - 7 - 5426 - 6552 - 2

Ⅰ.①永… Ⅱ.①阿…②张… Ⅲ.①基督教－神学－研究
Ⅳ.①B972

中国版本图书馆 CIP 数据核字(2018)第 254395 号

永在至圣者

著　　者 / 阿利斯特·麦格拉思
译　　者 / 张　君

丛书策划 / 徐志跃
合作出版 / 橡树文字工作室
特约编辑 / 丁祖潘
责任编辑 / 邱　红　陈泠珅
装帧设计 / 周周设计局
监　　制 / 姚　军
责任校对 / 张大伟　王凌霄

出版发行 / 上海三联书店
　　　　　(200030)中国上海市漕溪北路 331 号 A 座 6 楼
邮购电话 / 021 - 22895540
印　　刷 / 上海普顺印刷包装有限公司

版　　次 / 2019 年 2 月第 1 版
印　　次 / 2019 年 2 月第 1 次印刷
开　　本 / 787×1092　1/32
字　　数 / 65 千字
印　　张 / 4.75
书　　号 / ISBN 978 - 7 - 5426 - 6552 - 2/B·619
定　　价 / 38.00 元

敬启读者,如发现本书有印装质量问题,请与印刷厂联系 021 - 36522998